X

25054

GRAMMAIRE

ÉLÉMENTAIRE

Tout exemplaire non revêtu de la signature de l'auteur sera considéré comme contrefait, et tout contrefacteur ou débitant de contrefaçons sera poursuivi selon la rigueur des lois.

Abel Fabre

GRAMMAIRE

FRANÇAISE

ÉLÉMENTAIRE ET ORTHOGRAPHIQUE

PAR

ABEL FABRE

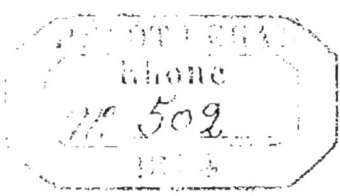

4ᵉ ÉDITION

LYON-VAISE
E. GAY, LIBRAIRE-ÉDITEUR
7, rue Saint-Pierre-de-Vaise, 7

1874

PRÉFACE

Quel but se propose-t-on en mettant une grammaire entre les mains des enfants? 1° De leur apprendre l'orthographe; 2° l'arrangement et l'ordre des mots, ou autrement dit *le français*.

Parvient-on à ce but avec les grammaires usuelles? Dans les écoles primaires ce but n'est atteint que par le dixième environ des enfants qui se livrent à l'étude grammaticale. On a trente ou quarante élèves étudiant la grammaire, mais la plupart abandonnant l'école avant d'être arrivés à la syntaxe, ne savent que la moitié des règles orthographiques, puisque l'autre moitié se trouve disséminée dans la syntaxe qu'ils n'ont pas vue. Cette première moitié même sera bientôt oubliée, comme on oublie tout ce que l'on ne possède qu'imparfaitement. De cette façon presque tous les élèves ont perdu un temps précieux. Pour obvier à cet inconvénient on a, dans ces derniers temps, imaginé des grammaires simples, tronquées, incomplètes, renfermant à peine les règles essenticlles de l'orthographe. Ainsi, les parents aisés qui veulent donner une instruction un peu solide à leurs enfants, doivent les sortir de l'école communale.

Notre grammaire est divisée en deux parties : la partie orthographique et la partie syntaxique.

Dans la première partie sont contenues toutes les règles relatives à l'orthographe, et dans la partie syntaxique, toutes les règles relatives à l'arrangement et à la construction des phrases. Cette division est simple, naturelle et essentiellement pratique. Si l'élève abandonne l'école avant de posséder toutes les règles de la grammaire, au moins aura-t-il eu le temps d'apprendre et d'appliquer celles qui ont rapport à l'orthographe, les seules vraiment nécessaires aux enfants des écoles rurales. Le plan que nous avons suivi est donc la partie vraiment neuve et importante de cette nouvelle grammaire. Quant aux définitions savantes, abstraites ou puériles, nous les avons écartées impitoyablement. Nous avons essayé de marcher sur les traces de Lhomond, le meilleur de tous, s'il était complet. Nous avons donné, autant qu'il nous a été possible, des définitions claires, simples, précises, en nous appuyant sur l'Académie et les meilleurs grammairiens.

Un mot sur les Exercices. Le livre des Exercices orthographiques est le compagnon inséparable de toute grammaire ; une règle sans application est un squelette ; la théorie sans la pratique est une chambre sans lumière où l'on s'efforce de voir clair. Pourtant elles sont nombreuses encore les classes où l'on apprend machinalement la grammaire. Dictées, verbes, analyses, tout cela tombe confusément et à la fois sur de pauvres enfants qui écrivent beaucoup, et ne saisissent dans ce fatras d'obscurs et interminables devoirs, que quelques mots d'orthographe usuelle : point de rapport entre la leçon de grammaire apprise et le devoir qu'on va faire ; ce n'est que trouble et confusion ; le maître s'y perd lui-même : où il n'y a ni ordre, ni méthode, il ne saurait y avoir progrès.

Cette méthode, si méthode il y a, est suivie dans les écoles rurales où précisément les enfants ont un temps très-limité à consacrer à leur instruction : procédé funeste et ridicule qui mène droit à la stérilité.

L'élève doit faire l'application des règles au fur et à mesure qu'il les apprend. C'est la seule méthode logique, naturelle, progressive, consacrée par l'expérience et approuvée par le bon sens. On donne aux élèves du premier degré de courtes dictées où se trouvent d'abord des noms, c'est-à-dire des mots dont ils feront l'accord suivant les règles déjà appliquées dans l'exercice fait précédemment. Les mots seront corrigés, et en partie analysés séance tenante (1). De

---

(1) Il convient que les élèves aient à leur disposition un dictionnaire, néanmoins c'est un abus d'en faire un usage exclusif.

cette manière l'élève ne marchera pas dans la nuit; s'il se trompe, et applique maladroitement les règles qu'il possède, il sera facile de lui faire connaitre son erreur. Ainsi marcheront de front les préceptes et l'application; ainsi on abordera à la fois trois difficultés qui, loin de s'exclure, s'expliquent l'une par l'autre : l'analyse grammaticale, l'orthographe usuelle et l'orthographe des règles.

NOUVELLE GRAMMAIRE FRANÇAISE

PARTIE ÉLÉMENTAIRE

INTRODUCTION.

1. La Grammaire est l'art de parler et d'écrire correctement.
2. Pour parler et pour écrire on se sert de *mots*.
3. Les mots sont composés de *lettres*.
4. L'ensemble de ces lettres se nomme l'*Alphabet*.
5. L'*Alphabet français* se compose de vingt-cinq lettres divisées en *voyelles* et en *consonnes*.
6. Il y a six *voyelles* et dix-neuf *consonnes*.
7. Les voyelles sont : *a, e, i, o, u* et *y*.
8. On les appelle *voyelles* parce que seules elles forment une *voix*, un *son*.
9. Les consonnes sont : *b, c, d, f, g, h, j, k, l, m, n, p, q, r, s, t, v, x, z*.
On les appelle *consonnes* parce qu'elles ne forment une *voix*, un *son* qu'avec le secours des voyelles.
10. Les voyelles sont *longues* ou *brèves*.
11. Les voyelles longues sont celles sur lesquelles on appuie plus longtemps que sur les autres en les prononçant.
12. Les voyelles brèves sont celles sur lesquelles on passe rapidement.

Ainsi : *a* est long dans *pâte* (pour faire du pain) et bref dans *patte* (d'un animal) ; *e* est long dans *tête* et bref dans *trompette* ; *i* est long dans *gîte* et bref dans *petite*, *o* est long dans *apôtre* et bref dans *mode* ; *u* est long dans *flûte* et bref dans *culbute*.

13. Il y a trois sortes d'*e* : l'*e muet*, l'*é fermé* et l'*è ouvert*.
L'*e muet* est celui dont le son est peu sensible, comme dans *table*, *monde*, et quelquefois nul comme dans *joie*, *paiement*, *il priera*.

L'*é fermé* est celui qui se prononce la bouche presque fermée, comme dans *célébrité, clocher, nez*.

L'*è ouvert* est celui qui se prononce la bouche un peu plus ouverte que pour l'é fermé, comme dans *père, succès, modèle*.

14. Pour marquer les différentes sortes d'*e* et les voyelles longues on se sert de trois petits signes qu'on appelle *accents*, savoir : l'accent *aigu* (´), l'accent *grave* (`) et l'accent *circonflexe* (^).

L'accent *aigu* se met sur l'*é fermé* : *santé, café*.

L'accent *grave* se met généralement sur l'*è ouvert* : *progrès, succès*.

L'accent *circonflexe* se met sur les voyelles longues : *apôtre, flûte, tempête*.

L'*é fermé* ne porte pas toujours l'accent aigu, comme on le voit dans *rocher, nez, horloger*, les consonnes finales en tiennent lieu.

15. L'*y (grec)* s'emploie souvent pour deux *i*, comme dans *pays, crayon, royaume*, et quelquefois pour un *i*, comme dans *martyr, symétrie*.

16. La lettre *h* est *muette* ou *aspirée*; elle est muette quand elle est nulle dans la prononciation. Exemple : l'*homme*, l'*honneur*, l'*humanité*, qu'on prononce comme s'il y avait l'*omme*, l'*onneur*, l'*umanité*; elle est aspirée quand elle fait prononcer avec aspiration la voyelle qui la suit, c'est-à-dire en la détachant de la lettre précédente; ainsi l'on écrit et l'on prononce séparément : la *haine* et non pas l'*haine*; les *héros* et non pas comme s'il y avait les *zéros*.

17. On appelle *syllabe* une ou plusieurs lettres qu'on prononce en une seule émission de voix : *pain* n'a qu'une syllabe, *bonté* en a deux, *quantité* trois.

18. Tout mot d'une syllabe, comme *roi, feu*, est un *monosyllabe*; le mot de deux syllabes, comme *bonté, jeudi*, est un *dissyllabe*; le mot de trois syllabes, comme *étude, dimanche*, est un *trissyllabe*; et, en général, on appelle *polysyllabe* un mot qui a plus d'une syllabe.

19. Une *diphthongue* est la réunion de deux sons, qui néanmoins ne forment qu'une syllabe, comme *ia, ié, ieu, oin*, etc., dans *diacre, fiole, pitié, Dieu, soin*.

20. Il y a dans la langue française dix espèces de mots que l'on appelle les parties du discours, savoir : le *nom*,

l'*article*, l'*adjectif*, le *pronom*, le *verbe*, le *participe*, l'*adverbe*, la *préposition*, la *conjonction* et l'*interjection*.

21. On appelle ces mots les parties du discours, parce qu'on ne peut former un discours, exprimer sa pensée sans le secours de ces différents mots.

22. On les divise en deux classes :

23. Les mots *variables*, c'est-à-dire ceux dont la terminaison varie, change ; ce sont : le *nom*, l'*article*, l'*adjectif*, le *pronom*, le *verbe* et le *participe*.

Les mots *invariables*, c'est-à-dire ceux dont la terminaison ne change jamais ; ce sont : l'*adverbe*, la *préposition*, la *conjonction* et l'*interjection*.

QUESTIONNAIRE. — 1. Qu'est-ce que la Grammaire ? — 2. De quoi se sert-on pour parler et pour écrire ? — 3. De quoi les mots sont-ils composés ? — 4. Comment nomme-t-on l'ensemble de ces lettres ? — 5. De combien de lettres se compose l'*Alphabet français* et comment ces lettres sont-elles divisées ? — 6. Combien y a-t-il de voyelles — de consonnes ? — 7. Quelles sont les voyelles ? — 8. Pourquoi les appelle-t-on *voyelles* ? — 9. Quelles sont les consonnes ? — Pourquoi les appelle-t-on ainsi ? — 10. Comment divise-t-on les voyelles ? — 11. Q. (1) les voyelles longues ? — 12. Q. les voyelles brèves ? — 13. Combien y a-t-il de sortes d'*e* ? — Définissez-les. — 14. De quels signes se sert-on pour marquer les différentes sortes d'*e* et les voyelles longues, et sur quelles sortes ces signes se placent-ils ? — 15. Q. R. V. sur l'*y* grec ? — 16. — sur la lettre *h* ? — 17. Qu'appelle-t-on *syllabe* ? — 18. *monosyllabe* ? — *dissyllabe* ? — *trissyllabe* ? — *polysyllabe* ? — 19. Q. une *diphthongue* ? — 20. Combien la langue française compte-t-elle d'espèces de mots ? — 21. Pourquoi appelle-t-on ces mots les parties du discours ? — 22. Comment les divise-t-on ? — 23. Quels sont les mots variables ? — les mots invariables ?

DES MOTS VARIABLES

CHAPITRE PREMIER.

DU NOM OU SUBSTANTIF.

24. Le *nom* est un mot qui sert à nommer une personne ou une chose, comme *Paul, Henri, maison, chapeau*. On l'appelle aussi *substantif*.

---

(1) Afin d'abréger, nous avons employé Q. pour *Qu'est-ce que ?* et Q. R. V. pour *Que remarquez-vous ?*

25. Il y a un moyen de reconnaître qu'un mot est un nom : c'est de voir si l'on peut mettre avant lui l'article *le, la* ou *les*. Ainsi le mot *ciel* est un nom parce qu'on peut dire *le ciel*; le mot *bonté* est un nom, parce qu'on peut dire *la bonté*.

26. Il y a deux sortes de noms : le nom *commun* et le nom *propre*.

27. Le nom commun est celui qui convient à tous les individus ou à tous les objets de la même espèce, comme le nom *homme* qui convient à tous les hommes, et le nom *ville* qui convient à toutes les villes.

28. Le nom propre est celui qui ne convient pas à tous les individus ou à tous les objets de la même espèce, mais seulement à un ou à quelques-uns, comme *Adam, Joseph* qui ne conviennent pas à tous les hommes : *Paris, Marseille, Lyon*, qui ne conviennent pas à toutes les villes.

29. Il faut commencer par une *majuscule*, ou grande lettre tous les noms propres, le premier mot d'un discours, et celui qui suit immédiatement un point.

30. Il y a des noms communs appelés *collectifs*, parce qu'ils expriment une *collection*, c'est-à-dire une réunion de personnes ou de choses, comme la *foule*, une *multitude*.

31. Les collectifs sont *généraux* ou *partitifs* : généraux lorsqu'ils expriment une collection entière : *la foule des humains*, c'est-à-dire tous les humains ; *la multitude des étoiles*, c'est-à-dire toutes les étoiles ; ils sont *partitifs* lorsqu'ils expriment une collection partielle, et alors ils sont ordinairement précédés des mots : *un, une*. *Une foule d'enfants accoururent ; une multitude d'hommes reçoivent des secours.*

32. On appelle *nom composé* une réunion de mots équivalant à un seul nom, comme *chef-d'œuvre, garde-champêtre, arc-en-ciel*; ces mots sont ordinairement joints par le trait d'union.

Du genre et du nombre.

33. Les noms ont deux propriétés, le genre et le nombre.

34. Le genre est la distinction des êtres *mâles* et des êtres *femelles*.

35. Il y a deux genres, le *masculin* et le *féminin* ; le masculin pour les noms d'êtres mâles, *un roi, un lion*, et

le féminin pour les noms d'êtres femelles, *une reine, une lionne.*

36. On a aussi donné par imitation le genre masculin ou le genre féminin à des choses qui ne sont ni *mâles* ni *femelles*, comme *un livre, la lune, le monde.*

37. REMARQUE. On reconnaît qu'un nom est du genre masculin quand on peut mettre *le* ou *un* devant ce nom : *le chemin, un chapeau* ; On reconnaît qu'il est du genre féminin quand on peut mettre *la* ou *une* : *la vigne, une pomme.*

38. Le nombre est la désignation d'un ou de plusieurs êtres.

39. Il y a deux nombres : le *singulier* qui ne désigne qu'une seule personne ou qu'une seule chose : *un homme, une table,* et le *pluriel* qui en désigne plusieurs : *des hommes, des tables.*

40. Il y a des noms qui ne s'emploient pas au singulier ; comme ancêtres, funérailles, mœurs, obsèques ; d'autres qui ne s'emploient pas au pluriel ; tels sont la paresse, la faim, la soif, l'humanité.

De la formation du pluriel dans les noms.

41. RÈGLE GÉNÉRALE. On forme le pluriel des noms en ajoutant un *s* à la fin : *une place, des places; une ville, des villes.*

EXCEPTIONS.

42. 1re *Except.* Les noms terminés au singulier par *s, x, z,* ne changent pas au pluriel : *un fils, des fils; une croix, des croix; un nez, des nez.*

2e *Except.* Les noms terminés au singulier par *au* ou par *eu* prennent *x* au pluriel : *un tonneau, des tonneaux; un bateau, des bateaux; un feu, des feux.* Il n'y a qu'une seule exception ; c'est *landau,* dont le pluriel se forme par *s* : *des landaus.*

3e *Except.* Les noms en *ou* suivent la règle générale, c'est-à-dire prennent *s* au pluriel : *un sou, des sous; un verrou, des verrous.* Il faut en excepter : *bijou, caillou, chou, genou, hibou, joujou* et *pou* qui prennent *x* : *des bijoux, des cailloux, des choux, des genoux, des hiboux, des joujoux, des poux.*

4e *Except.* Les noms terminés en *al* font leur pluriel en *aux* : *le mal, les maux; un cheval, des chevaux.*

GRAMMAIRE

Cependant *aval* (endossement d'un billet), *bal, cal, cantal* (fromage) *carnaval, nopal* (plante), *pat, régal, sandal* (bois), *chacal*, et les autres noms d'animaux, à l'exception de *cheval*, font leur pluriel en *als* : *des avals, des bals, des carnavals, des chacals*, etc.

43. Les noms en *ail* forment leur pluriel par un *s* : un *éventail, des éventails* ; *un gouvernail, des gouvernails* ; un *détail, des détails*. Excepté *bail, émail, corail, vitrail, soupirail, vantail, travail*, qui font *baux, émaux, coraux, vitraux, soupiraux, vantaux, travaux*.

44. *Travail* fait au pluriel *travails*, quand il signifie machine où l'on ferre les chevaux vicieux.

Ail fait *ails* ou *aulx*.

Ciel fait *ciels* dans *ciels de lit, ciels de carrière, ciels de tableau* et dans le sens de climat : *l'Italie est sous un des plus beaux ciels*. dans tous les autres cas il fait *cieux* : *la voûte des cieux, l'immensité des cieux*.

Œil fait *yeux* au pluriel : *des yeux noirs, des yeux bleus*. L'Académie n'admet guère le pluriel *œil* que dans *œil-de-bœuf, des œils-de-bœuf* (petites lucarnes).

Le pluriel d'*aïeul* est *aïeux*, quand il ne s'agit que des ancêtres en général : *nos aïeux étaient plus simples que nous* ; *ce droit lui vient de ses aïeux*. Et *aïeuls* s'il s'agit de grand-père : *il possède encore ses aïeuls*. Au féminin : une *aïeule*, des *aïeules*.

L'Académie conserve toujours le *t* au pluriel des noms en *ant* et en *ent*, quel que soit le nombre de syllabes dont ils se composent : *la dent, les dents* ; *le talent, les talents* ; *l'appartement, les appartements*.

QUESTIONNAIRE. — 24. Qu'est-ce que le nom ? — 25. Comment reconnaît-on qu'un mot est un nom ? — 26. Combien y a-t-il de sortes de noms ? — 27 Q. le nom commun ? 28. — Q. le nom propre ? — 29. Quand est-ce qu'on emploie une grande lettre ou *majuscule* ? — 30. Pourquoi certains noms communs sont-ils appelés *collectifs* ? — 31. C. des s. de collectifs ? — quand sont-ils généraux ? — partitifs ? — 32. Qu'appelle-t-on *nom composé* ? — 33. Combien les noms ont-ils de propriétés ? quelles sont ces propriétés ? — 34. Q. le genre ? 35. Combien y a-t-il de genres ? — Quels sont-ils et dans que s cas s'emploient-ils ? — 36. Q. R. V. sur le genre des objets inanimés ? — 37. Comment reconnaît-on qu'un nom est du genre masculin ? — du genre féminin ? — 38. Q. le nombre ? — 39. Combien y a-t-il de nombres et quels sont-ils ? — 40. Q. R. V. sur certains noms par rapport au nombre ? — 41. Comment forme-t-on le pluriel des noms ? — 42. Q. R. V. sur les noms terminés par *s, x, z* ? — par *au* ou par *eu* ? — par *al* ? — Quelles sont les exceptions ? — 43. Quel est le pluriel des noms en *ail* ? — Quelles sont les exceptions ? — 44. Q. R. V sur les mots *travail, ail, ciel, œil, aïeul*, par rapport à la formation de leur pluriel ?

CHAPITRE II.

DE L'ARTICLE.

45. L'article est un petit mot qui se met devant les noms communs pour annoncer qu'ils sont pris dans un sens déterminé.

46. Nous n'avons en français qu'un article :
le pour le masculin singulier, *le ciel*;
la pour le féminin singulier, *la terre*;
les pour le pluriel des deux genres, *les plantes, les arbres*.

47. L'article est sujet à deux espèces de changements, *l'élision* et la *contraction*.

48. On appelle élision, la suppression de *e* ou de *a* qu'on remplace par une apostrophe devant une voyelle ou une *h* muette pour éviter la rencontre désagréable de deux voyelles.

Ainsi : *l'argent* et non pas *le argent*, *l'oreille* et non pas *la oreille*, *l'histoire* et non pas *la histoire*.

49. On appelle *contraction* la réunion de l'article *le*, *les* avec une des prépositions *à*, *de*. Ainsi on dit : *du pain*, pour *de le pain*; *des soldats*, pour *de les soldats*; *au jardin*, pour *à le jardin*; *aux armes* pour *à les armes*.

50. Cependant devant une voyelle ou une *h* muette on remplace *au*, *du*, par *à le* avec apostrophe. Ainsi on dit : *à l'oiseau* et non pas *au oiseau*; *à l'honneur* et non pas *au honneur*.

QUESTIONNAIRE. — 45. Qu'est-ce que l'article ? — 46. Combien y a-t-il d'articles en français et comment s'emploient ces articles ? — 47. A combien de changements l'article est-il sujet? nommez ces changements ? — 48. Qu'appelle-t-on élision ? — 49. — contraction ? — 50. Quand est-ce que les contractions *au*, *du* n'ont pas lieu ?

CHAPITRE III.

DE L'ADJECTIF.

51. L'adjectif est un mot qui sert à *qualifier* ou à *déterminer* les noms.

52. De là deux sortes d'adjectifs : les adjectifs *qualificatifs* et les adjectifs *déterminatifs*.

53. L'adjectif *qualificatif* est celui qui exprime la qualité bonne ou mauvaise d'une personne ou d'une chose : *enfant studieux, fruit amer* ; les mots *studieux* et *amer* sont des adjectifs qualificatifs.

54. On reconnaît, en général, qu'un mot est adjectif quand on peut y joindre les mots *personne* ou *chose*. Ainsi, *modeste, agréable*, sont des adjectifs qualificatifs, parce qu'on peut dire : *personne modeste, chose agréable*.

55. Les adjectifs qualificatifs qui dérivent des verbes, comme *rampant, tremblant, charmant*, etc., se nomment adjectifs verbaux.

56. Le nom peut être employé comme adjectif qualificatif : *Alexandre était roi de Macédoine; roi* joue ici le rôle d'un adjectif. De même, l'adjectif peut être employé comme nom : *joindre l'utile à l'agréable; le sage obéit à Dieu*. *Utile, agréable* et *sage* sont ici employés comme noms.

57. Plusieurs mots joints par un trait d'union et équivalant à un adjectif, s'appellent *adjectif composé*. Tels sont *nouveau-né, mort-ivre, clair-semé*, etc.

58. L'adjectif n'a par lui-même ni genre, ni nombre, mais il prend le genre et le nombre du nom qu'il qualifie.

Formation du féminin dans les adjectifs.

59. On forme le féminin d'un adjectif en ajoutant un *e* muet au masculin : *confus, confuse; grand, grande; saint, sainte; vrai, vraie; zélé, zélée*, etc.

EXCEPTIONS.

1re *Except.* Les adjectifs terminés au masculin par un *e* muet ne changent pas au féminin :
Un *serviteur fidèle*, une *leçon utile*, un *goût agréable*.

2e *Except.* Les adjectifs terminés au masculin par *el, eil, ien, et, on*, doublent au féminin la consonne finale et y ajoutent un *e* muet : *éternel, éternelle; vermeil, vermeille; chrétien, chrétienne; muet, muette; bon, bonne*.

Excepté : *complet, concret, discret, inquiet, replet, secret*, qui font, *complète, concrète, discrète, inquiète, replète, secrète*.

3° *Except.* Les adjectifs *épais, nul, gros, gentil, exprès, profès*, doublent aussi la consonne finale devant l'e muet : *épaisse, nulle, grosse, gentille, expresse, professe. Bas, gras, las, sot, vieillot, paysan*, font *basse, grasse, lasse, sotte, vieillotte, paysanne.*

Les adjectifs en *as, ot, an*, ne doublent pas au féminin la consonne finale : *ras, rase; dévot, dévote; sultan, sultane.*

4° *Except.* Les adjectifs en *f* font leur féminin en *ve*: *naïf, naïve; bref, brève.*

5° *Except.* Les adjectifs en *x* font leur féminin en *se*: *boiteux, boiteuse; jaloux, jalouse.*

Cependant *doux, faux, préfix, roux*, font *douce, fausse, préfixe, rousse.*

6° *Except.* Les adjectifs en *gu* prennent au féminin *e* surmonté d'un tréma : *aigu, aiguë; ambigu, ambiguë.*

Les adjectifs *beau, nouveau, fou, mou, vieux*, font au féminin *belle, nouvelle, folle, molle, vieille.*

Dispos, aquilin, châtain, fat, velin, n'ont pas de féminin. *Grognon* et *témoin* servent pour les deux genres.

60. Les adjectifs suivants ont un féminin très-irrégulier.

Ce sont :

Bénin,	bénigne.	Frais,	fraîche.
Malin,	maligne.	Ammoniac,	ammoniaque.
Devin,	devineresse.	Public,	publique.
Tiers,	tierce.	Caduc,	caduque.
Long,	longue.	Grec,	grecque.
Oblong,	oblongue.	Turc,	turque.
Blanc,	blanche.	Favori,	favorite.
Franc,	franche.	Coi,	coite.
Sec,	sèche.	Sacristain,	sacristine.

61. Les adjectifs en *eur* qui sont formés d'un participe présent par le changement de *ant* en *eur*, font *euse* au féminin : *parleur, parleuse; boudeur, boudeuse.*

On excepte les adjectifs suivants qui font :

Vengeur,	vengeresse.
Pécheur (péché),	pécheresse.
Chanteur (à grand talent),	cantatrice.
Serviteur,	servante, etc.

1.

62. Les adjectifs en *teur* font leur féminin en *trice* : *directeur, directrice; inspecteur, inspectrice; instituteur, institutrice; délateur, délatrice,* etc.

Excepté *enchanteur* qui fait *enchanteresse*.

63. Les adjectifs en *eur* et quelques autres, qui expriment des états exercés le plus ordinairement par des hommes, ne changent pas au féminin.

Tels sont : *auteur, compositeur, professeur, écrivain, médecin, soldat, général,* etc.

64. REMARQUE. Les adjectifs en *érieur* prennent un *e* muet : *extérieur, extérieure*. Il faut y ajouter *majeur, meilleur, mineur,* qui font : *majeure, meilleure, mineure*.

Formation du pluriel dans les adjectifs.

65. Le pluriel des adjectifs se forme comme dans les noms, en ajoutant un *s* au singulier : *bon, bonne; bons, bonnes*.

1ʳᵉ *Except.* Les adjectifs terminés au singulier par *s* ou *x* ne changent point au pluriel masculin : Un *nuage épais*, des *nuages épais;* un *homme heureux,* des *hommes heureux*.

2ᵉ *Except.* Les adjectifs en *eau* : *beau, jumeau, nouveau,* prennent *x* au pluriel : *beaux, jumeaux, nouveaux*.

3ᵉ *Except.* Les adjectifs en *al* changent, pour la plupart, cette finale en *aux* : *libéral, libéraux; moral, moraux; original, originaux*. Excepté *amical, fatal, filial, frugal, glacial, natal,* etc., qui prennent un *s* au pluriel.

REMARQUE. Plusieurs adjectifs en *al*, comme *diagonal, pénal, patronal,* etc., n'ont pas de pluriel masculin.

Accord des adjectifs avec les noms.

66. Tout adjectif doit être du même genre et du même nombre que le nom auquel il se rapporte : *un homme instruit, une femme instruite; des hommes instruits, des femmes instruites*.

67. Quand un adjectif se rapporte à deux noms singuliers, on met cet adjectif au pluriel, parce que deux singuliers valent un pluriel : *la justice et la vérité sont éternelles*.

67 bis. Quand un adjectif qualifie deux noms de différents genres, cet adjectif se met au masculin pluriel : *mon père et ma mère sont contents*.

Des adjectifs déterminatifs.

68. Les *adjectifs déterminatifs* sont ceux qui déterminent la signification des noms auxquels ils sont joints.

Tels sont : *mon, cet, dix, quelques,* etc.

Dans *mon livre, cette table, dix plumes, quelques amis.*

Le sens des mots *livre, table, plumes, amis* est précis, déterminé, il ne s'agit point d'un livre, d'une table, de plumes, d'amis quelconques, mais il est question d'un livre particulier (mon livre), d'une table particulière (cette table), etc.

Les mots *mon, cet, dix, quelques* qui précisent ainsi la signification des noms, sont des adjectifs déterminatifs.

69. Il y a quatre sortes d'adjectifs déterminatifs : les adjectifs *numéraux*, les adjectifs *possessifs*, les adjectifs *démonstratifs* et les adjectifs *indéfinis*.

Des adjectifs numéraux.

70. Les *adjectifs numéraux* sont ceux qui déterminent la signification des noms, en y ajoutant une idée de nombre ou d'ordre : *vingt écoliers, le dernier bureau.*

71. Il y a deux sortes d'adjectifs numéraux : les *cardinaux* et les *ordinaux*.

72. Les adjectifs numéraux *cardinaux* expriment le nombre, comme *un, deux, trois, quatre, dix, vingt, cent, mille,* et les *ordinaux* marquent l'ordre, le rang, comme *premier, second, deuxième, troisième, dixième, vingtième, centième, millième,* etc.

Des adjectifs possessifs.

73. Les adjectifs possessifs sont ceux qui déterminent la signification des noms, en y ajoutant une idée de possession, comme *mon papier, votre jardin, son épée,* c'est-à-dire le papier qui est à *moi,* le jardin qui est à *vous,* l'épée qui est à *lui.*

Voici les adjectifs possessifs :

SINGULIER.		PLURIEL.
masculin.	féminin.	des deux genres.
Mon,	ma,	mes.
Ton,	ta,	tes.
Son,	sa,	ses.
Notre,	notre,	nos.
Votre,	votre,	vos.
Leur.	leur.	leurs.

74. Au féminin, devant une *voyelle* ou une *h* muett[e] on emploie par euphonie, c'est-à-dire pour la douce[ur] de la prononciation, *mon, ton, son* au lieu de *ma, ta, s[a]*. On dit *mon âme* et non *ma âme, son histoire* et non [ma] *histoire*.

Des adjectifs démonstratifs.

75. Les adjectifs démonstratifs déterminent le nom [en] y ajoutant une idée d'indication : *cette pomme, ces enfant[s]*.

Ces adjectifs sont :

Pour le masc. sing., *ce, cet.*
Pour le fém. sing., *cette.*
Pour le plur. des deux genres, *ces.*

76. REMARQUE. On met *ce* devant une consonne ou u[ne] *h* aspirée : *ce héros;* *cet* devant une voyelle ou une [h] muette : *cet arbre, cet habit.*

Des adjectifs indéfinis.

77. Les adjectifs indéfinis sont ceux qui détermine[nt] les noms d'une manière vague et générale : *quelqu[es] fruits, certains objets.*

Les adjectifs indéfinis sont :

Chaque,	*Tout,*	*Maint,*
Nul,	*Quelque,*	*Certain,*
Aucun,	*Plusieurs,*	*Quel,*
Même,	*Tel,*	*Quelconque.*

QUESTIONNAIRE. — 51. Q. l'adjectif? — 52. Combien y a-t-il d[e] sortes d'adjectifs? — 53. Q. l'adjectif qualificatif? — 54. Commen[t] reconnaît-on qu'un mot est *adjectif?* — 55. Comment se nomme[nt] les adjectifs qualificatifs qui dérivent des verbes? — 56. Le no[m] peut-il être employé comme *adjectif*, et *l'adjectif* comme *nom?* — 57. Comment s'appellent plusieurs mots joints par un trait d'un[ion] et équivalant à un adjectif? — 58. Q. R. V. sur le genre et le nombr[e] de l'adjectif? — 59. Comment forme-t-on le féminin d'un adjectif? — Quelles sont les exceptions à cette règle? — 60. Nommez quelques adjectifs qui ont un féminin très-irrégulier? nommez aussi ce fé[-]minin. — 61. Quel est le féminin des adjectifs en *eur?* — 62. [en] *teur?* — 63. Q. R. V. sur les adjectifs en *eur?* — 64. en *rieur?* — 65. Comment se forme le pluriel dans les adjectifs? nommez les ex[-]ceptions? — 66. A quel genre et à quel nombre peut être un adjec[-]tif? — 67. Quand un adjectif se rapporte à plusieurs noms singuliers comment l'écrit-on ? — 67 bis. Quand un adjectif qualifie deux noms de différents genres, comment s'écrit-il ? — 68. Q. les adjectifs déterminatifs ? — 69. Combien y a-t-il de sortes d'adjectifs déterminatifs ? quels sont-ils ? — 70. Qu'est-ce que les adjectifs numéraux ? — 71. Combien y a-t-il de sortes d'adjectifs numéraux, et quelles sont ces sortes ? — 72. Qu'expriment les adjectifs numéraux cardinaux ? que marquent les adjectifs numéraux ordinaux ? — 73. Q les adjectifs possessifs ? quels sont-ils ? — 74. Dans quel cas emploie-t-on *mon*, *ton*, *son*, au lieu de *ma*, *ta*, *sa* ? — 75. Comment les adjectifs démonstratifs déterminent-ils le nom? Quels sont ces adjectifs ? — 76. Dans quel cas emploie-t-on *ce* ou *cet* ? — 77. Q. les adjectifs indéfinis? quels sont-ils?

CHAPITRE IV.

DU PRONOM.

78. Le pronom est un mot qui tient la place du nom et qui en prend le genre et le nombre. Ainsi, au lieu de dire : *votre oncle n'est plus ici; votre oncle est parti de bonne heure ; votre oncle reviendra demain*, on dira, en se servant du pronom *il* : *votre oncle n'est plus ici; il est parti de bonne heure ; il reviendra demain.*

79. On distingue cinq espèces de pronoms : les pronoms *personnels*, les pronoms *démonstratifs*, les pronoms *possessifs*, les pronoms *relatifs* et les pronoms *indéfinis*.

Des pronoms personnels.

80. Les pronoms *personnels* sont ceux qui désignent particulièrement les *personnes*.

81. Il y a trois *personnes* ou *rôles*.

La première personne est celle qui parle : *je marche, nous écrivons*.

La deuxième personne est celle à qui l'on parle : *tu marches, vous écrivez*.

La troisième personne est celle de qui l'on parle : *il marche, elles écrivent*.

82. Les pronoms personnels sont :

Pour la 1re personne : *je, me, moi, nous.*
Pour la 2me personne : *tu, te, toi, vous,*
Pour la 3me personne { *il, ils, elle, elles, lui, eux, se, soi, en, y, leur, le, la, les*

83. *Le, la, les* ne sont pronoms personnels que lorsqu'ils accompagnent un verbe : *je les connais.*

84. *Leur* est pronom lorsqu'il est joint au verbe, et alors il ne prend jamais *s* : *vous leur écrivez* ; il est adjectif possessif et variable lorsqu'il est placé devant un nom : *leurs enfants.*

Des pronoms démonstratifs.

85. Les pronoms *démonstratifs* sont ceux qui indiquent, qui montrent, pour ainsi dire à nos yeux, les personnes ou les choses qu'ils représentent.

Ces pronoms sont :

Celui, celui-ci, celui-là, celle, celle-ci, celle-là, ce, ceci, cela, ceux, ceux-ci, ceux-là, celles, celles-ci, celles-là.

86. REMARQUE. *Ce*, suivi d'un nom, est adjectif démonstratif : *ce papier, ce tableau* ; dans tous les autres cas il est pronom : *ce qui me plaît, c'est sa modestie.*

Des pronoms possessifs.

87. Les pronoms *possessifs* sont ceux qui ajoutent une idée de possession au nom dont ils tiennent la place.

Ces pronoms sont :

SING. MASC.	SING. FÉMIN.	PLUR. MASC.	PLUR. FÉMININ.
Le mien,	la mienne.	Les miens,	les miennes.
Le tien,	la tienne.	Les tiens,	les tiennes.
Le sien,	la sienne.	Les siens,	les siennes.
Le nôtre,	la nôtre.	Les nôtres,	les nôtres.
Le vôtre,	la vôtre.	Les vôtres,	les vôtres.
Le leur,	la leur.	Les leurs.	les leurs.

88. REMARQUE. On met un accent circonflexe sur l'*o* de *nôtre, vôtre,* pronoms possessifs, et jamais sur celui de *notre, votre,* adjectifs possessifs : *votre cheval est plus joli que le nôtre.*

Des pronoms relatifs.

89. Les pronoms *relatifs* sont ainsi nommés parce qu'ils se trouvent toujours en relation, en rapport immédiat avec le nom ou le pronom qu'ils représentent.

Ces pronoms sont :

SING. MASC.	FÉMININ.	PLUR. MASC.	FÉMININ.
Lequel,	laquelle,	lesquels,	lesquelles.
Duquel,	de Laquelle,	desquels,	desquelles.
Auquel,	à laquelle	auxquels,	auxquelles.

Pour les deux genres et les deux nombres : *qui, que, quoi, dont.*

90. Le mot précédent auquel se rapporte le pronom relatif se nomme *l'antécédent du pronom.* Ainsi dans cette phrase : *l'enfant qui lit; vous que j'appelle, la personne dont vous parlez; enfant* est l'antécédent de *qui*, *vous* est celui de *que* et *personne* celui de *dont.*

Des pronoms indéfinis.

91. Les pronoms *indéfinis* sont ceux qui indiquent les personnes ou les choses d'une manière vague et générale.

Ces pronoms sont :

On, chacun, autre, autrui, personne, quiconque, quelqu'un, l'un, l'autre, l'un et l'autre, rien, aucun, plusieurs, nul, tel.

92. Les quatre derniers : *aucun, plusieurs, nul, tel,* sont des adjectifs *indéfinis* s'ils sont suivis d'un nom ; *plusieurs enfants, nul homme.*

QUESTIONNAIRE. — 78. Q. le pronom ? — 79. Combien distingue-t-on de sortes de pronoms ? quels sont-ils ? — 80. Q. les pronoms personnels? — 81. Combien y a-t-il de *personnes ou rôles ?* — 82. Nommez les pronoms personnels. — 83. Dans quel cas *le, la, les* sont-ils pronoms personnels ? — 84. Quand est-ce que *leur* est pronom ? comment s'écrit-il alors ? quand est-ce qu'il est adjectif possessif? — 85. Qu'est-ce que les pronoms démonstratifs ? quels sont-ils ? — 86. Dans quel cas *ce* est-il adjectif démonstratif, et quand est-il pronom démonstratif ? — 87. Q. les pronoms possessifs ? quels sont-ils ? — 88. Q. R. V. sur *nôtre, vôtre ?* — 89. Pourquoi les pronoms *relatifs* sont-ils ainsi nommés ? quels sont-ils ? — 90. Comment se nomme le mot précédent auquel se rapporte le pronom ? — 91. Q. les pronoms indéfinis ? quels sont-ils ? — 92. Q. R. V. sur *aucun, plusieurs, nul, tel ?*

CHAPITRE V.

DU VERBE.

93. Le *verbe* est un mot qui exprime l'*état* ou l'*action* c'est-à-dire que l'on *est* ou que l'on *fait* quelque chose
 Exemple : *Mon frère est intelligent ; la terre tourne ; es* marque l'état, *tourne* marque l'action.

Il n'y a proprement dit qu'un seul verbe, et c'est le verbe *être* ; on l'appelle aussi verbe *substantif* parce qu'il subsiste par lui-même. Tous les autres renferment en eux le verbe *être* et un adjectif ou attribut. En effet, *aimer finir, rendre* sont pour *être aimant, être finissant, être rendant.* On les appelle, pour cette raison, *verbes adjectifs.*

94. On reconnaît qu'un mot est verbe quand on peut mettre devant lui un des pronoms, *je, tu, il, nous, vous, ils* ; ainsi *lire* et *dormir* sont des verbes, parce qu'on peut dire : *je lis, tu lis, il lit,* etc. *Je dors, tu dors, il dort,* etc.

Du sujet.

95. On nomme *sujet* du verbe la personne ou la chose qui fait l'action ou qui est dans l'état exprimé par le verbe.

96. On trouve le sujet en plaçant immédiatement avant le verbe la question *qui est-ce qui?* pour les personnes, et *qu'est-ce qui?* pour les choses. *J'aime Dieu, Paul étudie, la pluie tombe.*

Qui est-ce qui aime Dieu? *je* ou *moi. Qui est-ce qui* étudie? *Paul. Qu'est-ce qui* tombe? *la pluie. Je* est le sujet de *aime*, *Paul* celui de *étudie*, et *pluie* celui de *tombe*.

Du complément.

97. On appelle *complément* le mot qui complète l'idée commencée par un autre mot. Ainsi quand je dis : *Dieu veut notre bonheur, cet homme aspire à une place* : *bonheur* est le complément de *veut* et *place* celui de *aspire*. Le complément est aussi appelé *régime*, parce qu'il est régi par le mot dont il dépend.

Remarque. Le nom, l'adjectif, le pronom, le verbe, le participe et même l'adverbe, peuvent avoir un complément.

Ex.: *La joie du cœur, utile à ses parents, estimé de tous,* etc.

Nous ne parlerons ici que des compléments du verbe.

98. Les verbes ont deux sortes de compléments : le complément *direct* et le complément *indirect*.

Du complément direct.

99. Le complément *direct* est celui qui complète, sans le secours d'aucun autre mot, l'idée commencée par le verbe.

100. On le reconnaît en plaçant, après le verbe, *qui* ou *quoi* : qui? pour les personnes et *quoi*? pour les choses.

EXEMPLE : *J'aime mon frère ; les hommes craignent la mort.* J'aime qui? mon frère ; les hommes craignent quoi? la mort. Mon *frère* est le complément direct de *j'aime*, et *la mort*, celui de *craignent*.

Le complément est direct, quoique précédé de à ou de s'il répond à la question *qui*? ou *quoi*? comme dans : *aimer à lire, boire de l'eau, craindre de mourir*. Aimer quoi? à lire; boire quoi? de l'eau ; craindre quoi? de mourir.

Du complément indirect.

101. Le complément *indirect* est celui qui ne complète l'idée commencée par le verbe qu'avec le secours d'une préposition, comme à, de, pour, dans, avec, etc. Il répond à l'une des questions *à qui? à quoi? de qui? de quoi? pour qui? pour quoi?* etc. EXEMPLE : *J'ai parlé à votre père, le renard se moqua du corbeau.* J'ai parlé à qui? à votre père ; le renard se moqua de quoi? du corbeau, *à votre père, du corbeau*, sont les compléments indirects des verbes *j'ai parlé, se moqua*.

Remarques particulières sur les compléments.

102. REMARQUE. *Le, la, les*, devant un verbe, ou après un verbe auquel ils sont joints par un trait d'union, sont pronoms et compléments directs de ce verbe : *je les attends*, c'est-à-dire *j'attends eux* (*les* mis pour *eux*).

103. REMARQUE. Le pronom relatif *que* est complément direct du verbe qui le suit : *Les livres que j'ai reçus ; que* mis pour *lesquels* (livres).

104. REMARQUE. *Lui, leur, dont, en, y*, sont compléments indirects à cause de la préposition qu'ils renferment ; ils sont pour *à lui, à eux, duquel, de cela, à cela : je leur écris*, j'écris à eux ; je lui ai parlé, j'ai parlé à lui.

105. *Me, te, se, nous, vous*, sont compléments directs quand ils sont mis pour *moi, toi, lui, nous, vous : je m'instruis*, j'instruis moi ; *je t'écoute*, j'écoute toi ; *il se flatte*, il flatte lui, etc.

106. Ils sont compléments indirects quand ils sont mis pour à m[oi,]
à toi, à lui, à nous, à vous : il me parle, il parle à moi ; il t'a écr[it,]
il a écrit à toi ; il se nuit, il nuit à lui, etc.

Des différentes sortes de verbes adjectifs.

107. Il y a cinq sortes de verbes adjectifs : le verb[e]
actif, le verbe passif, le verbe neutre, le verbe pronom[i]-
nal et le verbe unipersonnel.

108. Le verbe actif est celui dont le sujet fait l'actio[n]
marquée par le verbe et qui a un complément direc[t.]
Quand je dis : Edouard appelle son frère, appeler est u[n]
verbe actif, parce qu'il a pour sujet Edouard, qui fait l'a[c]-
tion et pour complément direct son frère.

On reconnaît qu'un verbe est actif, quand on pe[ut]
mettre quelqu'un ou quelque chose après ce verbe. Ains[i]
appeler, réciter, sont des verbes actifs, parce qu'on pe[ut]
dire : appeler quelqu'un, réciter quelque chose.

109. Le verbe neutre (1), comme le verbe actif est celu[i]
dont le sujet fait l'action marquée par le verbe, mais
en diffère en ce qu'il ne saurait avoir un complément di[-]
rect : nous allons en Espagne ; tu partiras avec nous.

On connaît qu'un verbe est neutre quand on ne peu[t]
pas mettre après lui quelqu'un ou quelque chose. Ainsi
dormir, rire, sont des verbes neutres parce qu'on ne peu[t]
pas dire : dormir quelqu'un, rire quelque chose.

110. Le verbe passif est le contraire du verbe actif,
marque que l'action exprimée par le verbe est reçue[,]
soufferte par le sujet, comme quand je dis : Edouard e[st]
chéri de son oncle (2).

---

(1) On l'appelle neutre parce qu'il n'est ni actif ni passif. Neutr[e]
signifie ni l'un ni l'autre.

(2) Les élèves confondent souvent les verbes passifs avec certain[s]
verbes neutres qui prennent l'auxiliaire être dans leurs temps compo[-]
sés. Voici comment ils sauront les distinguer : il est toujours possibl[e]
de transformer le verbe passif en verbe actif, et on ne saurait trans[-]
former ainsi les verbes neutres en question. Dans les phrases passive[s]
qui suivent :

    Cette mère est adorée de ses enfants.
    Les méchants ne sont aimés de personne.
    La lumière nous est envoyée par le soleil.

On peut dire, en prenant la forme active : Ces enfants adorent leu[r]
mère ; personne n'aime les méchants ; le soleil nous envoie la lu[mière.]

111. Les verbes *pronominaux* sont ceux dont le sujet fait et reçoit tout à la fois l'action marquée par le verbe, comme quand je dis : *je me brosse*. Ces verbes se conjuguent toujours avec deux pronoms de la même personne : *je me promène, tu te reposes, il se fâche*.

Quelquefois il n'y a qu'un pronom énoncé, c'est lorsque le sujet est exprimé, comme dans : *Paul se souvient, les enfants s'amusent*.

112. On appelle verbes *essentiellement pronominaux* ceux qui ne peuvent être conjugués sans deux pronoms, comme *je me souviens, je me repens, je m'empare*; on ne saurait dire : *je souviens, je repens, j'empare*.

On appelle verbes *accidentellement pronominaux* ceux qui peuvent être conjugués avec un seul pronom, comme *se louer, se flatter*; on peut dire : *je loue, je flatte*.

113. Le verbe *unipersonnel*, qu'on nomme aussi *impersonnel*, ne s'emploie dans chaque temps qu'à la troisième personne du singulier : *il faut, il pleut*.

Dans les verbes *unipersonnels*, le pronom *il* n'est que le sujet apparent; le sujet réel est ordinairement placé après le verbe, comme dans : *il est un Dieu dans le ciel*, pour : *un Dieu est dans le ciel*; *il est nécessaire de prier*, pour : *prier est nécessaire* : ou bien il reste dans l'esprit, comme dans *il neige, il tonne*.

Des modifications du verbe.

114. On appelle modifications du verbe certains changements de forme ou de terminaison qu'éprouve le verbe.

On en distingue quatre : le *nombre*, la *personne*, le *mode* et le *temps*.

Du nombre.

115. Le nombre est la forme que prend le verbe pour indiquer s'il est singulier ou pluriel : *tu parles, nous parlons; il se tait, ils se taisent*.

---

mière. Si le verbe passif n'a pas de complément exprimé comme dans cette phrase : *les enfants paresseux seront punis*, on prend *on* pour sujet en disant : *on punira ces enfants paresseux*. Les verbes neutres ne sauraient subir de pareils changements.

De la personne.

116. La personne est la forme que prend le verbe pour indiquer que son sujet est de la première, de la seconde ou de la troisième personne : *je donnai, tu donnas, il donna.*

Du mode.

117. On appelle mode les différentes formes que prend le verbe pour exprimer l'état ou l'action.

118. Il y a cinq modes : l'*indicatif*, le *conditionnel*, l'*impératif*, le *subjonctif*, et l'*infinitif*.

Les quatre premiers modes, admettant la distinction des personnes, se nomment modes *personnels*; l'infinitif ne l'admettant pas est désigné sous le nom de mode *impersonnel*.

119. L'indicatif présente l'action d'une manière certaine et absolue : *je lis, il lira.*

120. Le conditionnel la présente sous l'idée d'une condition : *j'écrirais, si je le pourrais.*

121. L'impératif la présente sous l'idée du commandement, du désir : *honorez vos parents, craignons le Seigneur.*

122. Le subjonctif la présente comme subordonnée et dépendante : *il veut que je parte, je crains qu'il ne périsse.*

123. L'infinitif enfin exprime l'action d'une manière vague et générale, sans désignation de nombre ni de personne : *servir Dieu, c'est régner; travailler, c'est s'enrichir.*

Du temps.

124. Le temps est la forme que prend le verbe pour marquer à quelle partie de la durée répond ou l'état ou l'action exprimée par le verbe.

125. La durée comprend trois époques, le *présent*, le *passé* et le *futur*.

126. L'instant de la parole est un point indivisible ; il n'y a donc qu'un présent. Mais cet instant est précédé et suivi de plusieurs autres, il y a donc plusieurs passés et plusieurs futurs.

127. Il y a en tout huit temps pour les trois époques, savoir : *un* pour le présent, *cinq* pour le passé et *deux* pour le futur.

128. Le présent exprime l'action dans le moment où elle a lieu : *j'écris, je parle.*

129. Les cinq temps qui marquent le passé sont :

130. 1° L'imparfait qui exprime l'action comme présente relativement à une action ou à une époque passée : *j'écrivais quand vous entrâtes.*

131. 2° Le passé défini qui l'exprime comme ayant eu lieu dans un temps dont toutes les parties sont écoulées : *il vint nous voir la semaine dernière.*

132. 3° Le passé indéfini qui l'exprime comme ayant eu lieu dans un temps complètement écoulé ou non : *j'ai vu votre père hier, je l'ai revu aujourd'hui ;*

133. 4° Le passé antérieur qui l'exprime comme ayant eu lieu avant une autre dans un temps entièrement passé : *quand j'eus fini mon devoir, je partis;*

134. 5° Le plus-que-parfait qui l'exprime comme ayant eu lieu **avant** une autre : *j'avais dîné, quand vous êtes entré ;*

135. Les deux temps qui marquent le futur sont :
1° Le futur qui exprime une action à faire : *je lirai demain ;*
2° Le futur antérieur qui exprime que l'action aura lieu avant une autre action également à venir ; *j'aurai dîné, quand vous viendrez.*

136. Les temps se divisent encore en temps simples et en temps composés.

137. Les *temps simples* d'un verbe sont ceux où il n'entre que le verbe : *je dors, je dormis, je dormais,* etc.

138. Les *temps composés* sont ceux qui prennent avoir ou être : *j'ai dormi, j'avais dormi, je suis parti, j'étais parti,* etc.

139. Conjuguer un verbe, c'est le réciter ou l'écrire avec toutes ses formes de modes, de temps, de nombres et de personnes.

140. Il y a quatre *conjugaisons* que l'on distingue par les terminaisons du présent de l'infinitif.

141. La première conjugaison est terminée en *er*, comme *aimer*; la deuxième en *ir*, comme *finir*; la troisième en *oir*, comme *recevoir*; la quatrième en *re*, comme *rendre.*

142. Les verbes *avoir* et *être*, lorsqu'ils servent à conjuguer les autres verbes, prennent le nom d'*auxiliaires.*

143. Les temps composés prennent l'auxiliaire *avoir* dans tous les verbes actifs, dans la plupart des verbes neutres et dans certains verbes unipersonnels; mais tous les verbes passifs, les verbes pronominaux et la plupart des verbes unipersonnels, prennent l'auxiliaire *être.*

144. REMARQUE. Dans les temps composés on trouve la lettre finale du participe passé masculin en se demandant comment il fait au féminin: ainsi, *fait, reçu, pris, couvert,* font au féminin *faite, reçue, prise, couverte.* Retranchez l'e muet et vous avez la terminaison du participe

au masculin. Il faut excepter *absoute* et *dissoute* qui font au masculi[n] *absous, dissous.*

Radical et terminaison.

145. On distingue dans un verbe le *radical* et la te[r]minaison.

146. Le radical est la première partie du verbe, cel[le] qui ne change pas. La terminaison est la dernière part[ie] du verbe; elle varie suivant le mode, le temps, le nomb[re] et la personne.

147. On obtient le radical d'un verbe en ôtant de l'i[n]finitif la terminaison en *er, ir, oir* ou *evoir, re.* Ainsi *aim, fin, rec, ren,* sont les radicaux des verbes *aimer, fini[r], recevoir, rendre.* Tous les verbes français, à l'exceptio[n] des verbes irréguliers et des verbes défectifs, peuvent [se] conjuguer d'après cette règle.

VERBE AUXILIAIRE *AVOIR.*

INDICATIF.

PRÉSENT.

PLUR. SING.
- J'ai.
- Tu as (1).
- Il *ou* elle a.
- Nous avons.
- Vous avez.
- Ils *ou* elles ont.

IMPARFAIT.

J'avais.
Tu avais.
Il avait.
Nous avions.
Vous aviez.
Ils avaient.

PASSÉ DÉFINI.

J'eus.
Tu eus.
Il eut.
Nous eûmes.
Vous eûtes.
Ils eurent.

PASSÉ INDÉFINI.

J'ai eu.
Tu as eu.
Il a eu.
Nous avons eu.
Vous avez eu.
Ils ont eu.

PASSÉ ANTÉRIEUR.

J'eus eu.
Tu eus eu.
Il eut eu.
Nous eûmes eu.
Vous eûtes eu.
Ils eurent eu.

PLUS-QUE-PARFAIT.

J'avais eu.
Tu avais eu.
Il avait eu.
Nous avions eu.
Vous aviez eu.
Ils avaient eu.

---

(1) En général les secondes personnes du singulier finissent par *s*.

FRANÇAISE.

FUTUR.
'aurai.
u auras.
aura.
ous aurons.
ous aurez.
s auront.

FUTUR ANTÉRIEUR.
'aurai eu.
u auras eu.
aura eu.
ous aurons eu.
ous aurez eu.
s auront eu.

CONDITIONNEL.

PRÉSENT.
'aurais.
'u aurais.
l aurait.
Tous aurions.
Vous auriez.
ls auraient.

PASSÉ.
'aurais eu.
Tu aurais eu.
l aurait eu.
Nous aurions eu.
Vous auriez eu.
ls auraient eu.

On dit aussi :

J'eusse eu.
Tu eusses eu.
Il eût eu.
Nous eussions eu.
Vous eussiez eu.
Ils eussent eu.

IMPÉRATIF.
Aie.
Ayons.
Ayez.

SUBJONCTIF.

PRÉSENT OU FUTUR.
Que j'aie.
Que tu aies.
Qu'il ait.
Que nous ayons.
Que vous ayez.
Qu'ils aient.

IMPARFAIT.
Que j'eusse.
Que tu eusses.
Qu'il eût.
Que nous eussions.
Que vous eussiez.
Qu'ils eussent.

PASSÉ.
Que j'aie eu.
Que tu aies eu.
Qu'il ait eu.
Que nous ayons eu.
Que vous ayez eu.
Qu'ils aient eu.

PLUS-QUE-PARFAIT.
Que j'eusse eu.
Que tu eusses eu.
Qu'il eût eu.
Que nous eussions eu.
Que vous eussiez eu.
Qu'ils eussent eu.

INFINITIF.

PRÉSENT.
Avoir.

PASSÉ.
Avoir eu.

PARTICIPE.

PRÉSENT.
Ayant.

PASSÉ.
Eu, eue, ayant eu.

VERBE AUXILIAIRE *ÊTRE*.

INDICATIF.
PRÉSENT.
Je suis.
Tu es.
Il *ou* elle est.
Nous sommes.
Vous êtes.
Ils *ou* elles sont.

GRAMMAIRE

IMPARFAIT.
J'étais.
Tu étais.
Il était.
Nous étions.
Vous étiez.
Ils étaient.

PASSÉ DÉFINI.
Je fus.
Tu fus.
Il fut.
Nous fûmes.
Vous fûtes.
Ils furent.

PASSÉ INDÉFINI.
J'ai été.
Tu as été.
Il a été.
Nous avons été.
Vous avez été.
Ils ont été.

PASSÉ ANTÉRIEUR.
J'eus été.
Tu eus été.
Il eut été.
Nous eûmes été.
Vous eûtes été.
Ils eurent été.

PLUS-QUE-PARFAIT.
J'avais été.
Tu avais été.
Il avait été.
Nous avions été.
Vous aviez été.
Ils avaient été.

FUTUR.
Je serai.
Tu seras.
Il sera.
Nous serons.
Vous serez.
Ils seront.

FUTUR ANTÉRIEUR.
J'aurai été.
Tu auras été.
Il aura été.
Nous aurons été.
Vous aurez été.
Ils auront été.

CONDITIONNEL.

PRÉSENT.
Je serais.
Tu serais.
Il serait.
Nous serions.
Vous seriez.
Ils seraient.

PASSÉ.
J'aurais été.
Tu aurais été.
Il aurait été.
Nous aurions été.
Vous auriez été.
Ils auraient été.

On dit aussi :

J'eusse été.
Tu eusses été.
Il eût été.
Nous eussions été.
Vous eussiez été.
Ils eussent été.

IMPÉRATIF.
Sois.
Soyons.
Soyez.

SUBJONCTIF.

PRÉSENT OU FUTUR.
Que je sois.
Que tu sois.
Qu'il soit.
Que nous soyons.
Que vous soyez.
Qu'ils soient.

IMPARFAIT.
Que je fusse.
Que tu fusses.
Qu'il fût.
Que nous fussions.
Que vous fussiez.
Qu'ils fussent.

PASSÉ.
Que j'aie été.
Que tu aies été.
Qu'il ait été.
Que nous ayons été.
Que vous ayez été.
Qu'ils aient été.

FRANÇAISE.

PLUS-QUE-PARFAIT.	PASSÉ.
Que j'eusse été.	Avoir été.
Qu tu eusses été.	
Qu'il eût été.	PARTICIPE.
Que nous eussions été.	PRÉSENT.
Que vous eussiez été.	
Qu'ils eussent été.	Étant.
INFINITIF.	PASSÉ.
PRÉSENT.	
Être.	Été, ayant été.

PREMIÈRE CONJUGAISON EN *ER*.

VERBE AIMER.

(Radical *aim*, terminaison *er*.)

INDICATIF.	PASSÉ ANTÉRIEUR.
PRÉSENT.	J'eus aim é.
J'aim e.	Tu eus aim é.
Tu aim es.	Il eut aim é.
Il aim e.	Nous eûmes aim é.
Nous aim ons.	Vous eûtes aim é.
Vous aim ez.	Ils eurent aim é.
Ils aim ent.	
	PLUS-QUE-PARFAIT.
IMPARFAIT.	J'avais aim é.
J'aim ais.	Tu avais aim é.
Tu aim ais.	Il avait aim é.
Il aim ait.	Nous avions aim é.
Nous aim ions.	Vous aviez aim é.
Vous aim iez.	Ils avaient aim é.
Ils aim aient.	
	FUTUR.
PASSÉ DÉFINI.	J'aim erai.
J'aim ai.	Tu aim eras.
Tu aim as.	Il aim era.
Il aim a.	Nous aim erons.
Nous aim âmes.	Nous aim erez.
Vous aim âtes.	Ils aim eront.
Ils aim èrent.	
	FUTUR ANTÉRIEUR.
PASSÉ INDÉFINI.	J'aurai aim é.
J'ai aim é.	Tu auras aim é.
Tu as aim é.	Il aura aim é.
Il a aim é.	Nous aurons aim é.
Nous avons aim é.	Vous aurez aim é.
Vous avez aim é.	Ils auront aim é.
Ils ont aim é.	

CONDITIONNEL.

PRÉSENT.

J'aim erais.
Tu aim erais.
Il aim erait.
Nous aim erions.
Vous aim eriez.
Ils aim eraient.

PASSÉ.

J'aurais aim é.
Tu aurais aim é.
Il aurait aim é.
Nous aurions aim é.
Vous auriez aim é.
Ils auraient aim é.

On dit aussi :

J'eusse aim é.
Tu eusses aim é.
Il eût aim é.
Nous eussions aim é.
Vous eussiez aim é.
Ils eussent aimé.

IMPÉRATIF.

Aim e.
Aim ons.
Aim ez.

SUBJONCTIF.

PRÉSENT OU FUTUR.

Que j'aim e.
Que tu aim es.
Qu'il aim e.
Que nous aim ions.
Que vous aim iez.
Qu'ils aim ent.

IMPARFAIT.

Que j'aim asse.
Que tu aim asses.
Qu'il aim ât.
Que nous aim assions.
Que vous aim assiez.
Qu'ils aim assent.

PASSÉ.

Que j'aie aim é.
Que tu aies aim é.
Qu'il ait aim é.
Que nous ayons aim é.
Que vous ayez aim é.
Qu'ils aient aim é.

PLUS-QUE-PARFAIT.

Que j'eusse aim é
Que tu eusses aim é.
Qu'il eût aim é.
Que nous eussions aim é.
Que vous eussiez aim é.
Qu'ils eussent aim é.

INFINITIF.

PRÉSENT.

Aim er.

PASSÉ.

Avoir aim é.

PARTICIPE.

PRÉSENT.

Aim ant.

PASSÉ.

Aim é, aim ée, ayant aim é.

Conjuguer de même : *chanter, parler, porter, mépriser, veiller, regarder, brûler,* etc.

DEUXIÈME CONJUGAISON EN *IR.*

VERBE FINIR.

(Radical *fin*, terminaison *ir*.)

INDICATIF.

PRÉSENT.

Je fin is.
Tu fin is.
Il fin it.
Nous fin issons.
Vous fin issez.
Ils fin issent.

FRANÇAISE.

IMPARFAIT.
Je fin issais.
Tu fin issais.
Il fin issait.
Nous fin issions.
Vous fin issiez.
Ils fin issaient.

PASSÉ DÉFINI.
Je fin is.
Tu fin is.
Il fin it.
Nous fin îmes.
Vous fin îtes.
Ils fin irent.

PASSÉ INDÉFINI.
J'ai fin i.
Tu as fin i.
Il a fin i.
Nous avons fin i.
Vous avez fin i.
Ils ont fin i.

PASSÉ ANTÉRIEUR.
J'eus fin i.
Tu eus fin i.
Il eut fin i.
Nous eûmes fin i.
Vous eûtes fin i.
Ils eurent fin i.

PLUS-QUE-PARFAIT.
J'avais fin i.
Tu avais fin i.
Il avait fin i.
Nous avions fin i.
Vous aviez fin i.
Ils avaient fin i.

FUTUR.
Je fin irai.
Tu fin iras.
Il fin ira.
Nous fin irons.
Vous fin irez.
Ils fin iront.

FUTUR ANTÉRIEUR.
J'aurai fin i.
Tu auras fin i.
Il aura fin i.
Nous aurons fin i.
Vous aurez fin i.
Ils auront fin i.

CONDITIONNEL.
PRÉSENT.
Je fin irais.
Tu fin irais.
Il fin irait.
Nous fin irions.
Vous fin iriez.
Ils fin iraient.

PASSÉ.
J'aurais fin i.
Tu aurais fin i.
Il aurait fin i.
Nous aurions fin i.
Vous auriez fin i.
Ils auraient fin i.

On dit aussi :

J'eusse fin i.
Tu eusses fin i.
Il eût fin i.
Nous eussions fin i.
Vous eussiez fin i.
Ils eussent fin i.

IMPÉRATIF.
Fin is.
Fin issons.
Fin issez.

SUBJONCTIF.
PRÉSENT OU FUTUR.
Que je fin isse.
Que tu fin isses.
Qu'il fin isse.
Que nous fin issions.
Que vous fin issiez.
Qu'ils fin issent.

IMPARFAIT.
Que je fin isse.
Que tu fin isses.
Qu'il fin ît.
Que nous fin issions.
Que vous fin issiez.
Qu'ils fin issent.

PASSÉ.
Que j'aie fin i.
Que tu aies fin i.
Qu'il ait fin i.
Que nous ayons fin i.
Que vous ayez fin i.
Qu'ils aient fin i.

28

PLUS-QUE-PARFAIT.

Que j'eusse fin i.
Que tu eusses fin i.
Qu'il eût fin i.
Que nous eussions fin i.
Que vous eussiez fin i,
Qu'ils eussent fin i.

INFINITIF.
PRÉSENT.

Fin ir.

PASSÉ.

Avoir fin i.

PARTICIPE.
PRÉSENT.

Fin issant.

PASSÉ.

Fin i, fin ie, ayant fin i.

Conjuguer de même : *obéir, punir, guérir, avertir, languir, enhardir, unir, agir,* etc.

TROISIÈME CONJUGAISON EN *OIR*.
VERBE RECEVOIR.
(Radical *rec*, terminaison *evoir*.)

INDICATIF.
PRÉSENT.

Je reç ois.
Tu reç ois.
Il reç oit.
Nous rec evons.
Vous rec evez.
Ils reç oivent.

IMPARFAIT.

Je rec evais.
Tu rec evais.
Il rec evait.
Nous rec evions.
Vous rec eviez.
Ils rec evaient.

PASSÉ DÉFINI.

Je re çus.
Tu re çus.
Il re çut.
Nous re çûmes.
Vous reç ûtes.
Ils reç urent.

PASSÉ INDÉFINI.

J'ai reç u.
Tu as reç u.
Il a reç u.
Nous avons reç u.
Vous avez reç u.
Ils ont reç u.

PASSÉ ANTÉRIEUR.

J'eus reç u.
Tu eus reç u.
Il eut reç u.
Nous eûmes reç u.
Vous eûtes reç u.
Ils eurent reç u.

PLUS-QUE-PARFAIT.

J'avais reç u.
Tu avais reç u.
Il avait reç u.
Nous avions reç u.
Vous aviez reç u.
Ils avaien reç u.

FUTUR.

Je rec evrai.
Tu rec evras.
Il rec evra.
Nous rec evrons.
Vous rec evrez.
Ils rec evront.

FUTUR ANTÉRIEUR.

J'aurai reç u.
Tu auras reç u.
Il aura reç u.
Nous aurons reç u.
Vous aurez reç u.
Ils auront reç u.

CONDITIONNEL.

PRÉSENT.

Je rec evrais.
Tu rec evrais.
Il rec evrait.
Nous rec evrions.
Vous rec evriez.
Ils rec evraient.

PASSÉ.

J'aurais reç u.
Tu aurais reç u.
Il aurait reç u.
Nous aurions reç u.
Vous auriez reç u.
Ils auraient reç u.

On dit aussi :

J'eusse reçu.
Tu eusses reçu.
Il eût reçu.
Nous eussions reçu.
Vous eussiez reçu.
Ils eussent reçu.

IMPÉRATIF.

Reç ois.
Rec evons.
Rec evez.

SUBJONCTIF.

PRÉSENT OU FUTUR.

Que je reç oive.
Que tu reç oives.
Qu'il reç oive.
Que nous rec evions.
Que vous rec eviez.
Qu'ils reç oivent.

IMPARFAIT.

Que je reç usse.
Que tu reç usses.
Qu'il reç ût.
Que nous reç ussions.
Que vous reç ussiez.
Qu'ils reç ussent.

PASSÉ.

Que j'aie reç u.
Que tu aies reç u.
Qu'il ait reç u.
Que nous ayons reç u.
Que vous ayez reç u.
Qu'ils aient reç u.

PLUS-QUE-PARFAIT.

Que j'eusse reç u.
Que tu eusses reç u.
Qu'il eût reç u.
Que nous eussions reç u.
Que vous eussiez reç u.
Qu'ils eussent reç u.

INFINITIF.

PRÉSENT.

Rec evoir.

PASSÉ.

Avoir reç u.

PARTICIPE.

PRÉSENT.

Rec evant.

PASSÉ.

Reç u, reç ue, ayant reç u.

Ainsi se conjuguent : devoir, apercevoir, concevoir, percevoir, et tous ceux dont l'infinitif est en *evoir*. Tous les autres verbes en *oir*, comme pouvoir, valoir, etc., sont irréguliers.

QUATRIÈME CONJUGAISON EN *RE*.

VERBE RENDRE.

(Radical *rend*, terminaison *re*.)

INDICATIF.

PRÉSENT.

Je rend s.
Tu rend s.
Il rend.
Nous rend ons.
Vous rend ez.
Ils rend ent.

IMPARFAIT.

Je rend ais.
Tu rend ais.
Il rend ait.
Nous rend ions.
Vous rend iez.
Ils rend aient.

PASSÉ DÉFINI.

Je rend is.
Tu rend is.
Il rend it.
Nous rend îmes.
Vous rend îtes.
Ils rend irent.

PASSÉ INDÉFINI.

J'ai rend u.
Tu as rend u.
Il a rend u.
Nous avons rend u.
Vous avez rend u.
Ils ont rend u.

PASSÉ ANTÉRIEUR.

J'eus rend u.
Tu eus rend u.
Il eut rend u.
Nous eûmes rend u.
Vous eûtes rend u.
Ils eurent rend u.

PLUS-QUE-PARFAIT.

J'avais rend u.
Tu avais rend u.
Il avait rend u.
Nous avions rend u.
Vous aviez rend u.
Ils avaient rend u.

FUTUR.

Je rend rai.
Tu rend ras.
Il rend ra.
Nous rend rons.
Vous rend rez.
Ils rend ront.

FUTUR ANTÉRIEUR.

J'aurai rend u.
Tu auras rend u.
Il aura rend u.
Nous aurons rend u.
Vous aurez rend u.
Ils auront rend u.

CONDITIONNEL.

PRÉSENT.

Je rend rais.
Tu rend rais.
Il rend rait.
Nous rend rions.
Vous rend riez.
Ils rend raient.

PASSÉ.

J'aurais rend u.
Tu aurais rend u.
Il aurait rend u.
Nous aurions rend u.
Vous auriez rend u.
Ils auraient rendu.

On dit aussi :

J'eusse rend u.
Tu eusses rend u.
Il eût rend u.
Nous eussions rend u.
Vous eussiez rend u.
Ils eussent rend u.

IMPÉRATIF.

Rend s.
Rend ons.
Rend ez.

SUBJONCTIF.

PRÉSENT OU FUTUR.

Que je rend e.
Que tu rend es.
Qu'il rend e.
Que nous rend ions.
Que vous rend iez.
Qu'ils rend ent.

IMPARFAIT.

Que je rend isse.
Que tu rend isses.
Qu'il rend ît.
Que nous rend issions.
Que vous rend issiez.
Qu'ils rend issent.

PASSÉ.

Que j'aie rend u.
Que tu aies rend u.
Qu'il ait rend u.
Que nous ayons rend u.
Que vous ayez rend u.
Qu'ils aient rend u.

PLUS-QUE-PARFAIT.

Que j'eusse rend u.
Que tu eusses rend u.
Qu'il eût rend u.
Que nous eussions rend u.
Que vous eussiez rend u.
Qu'ils eussent rend u.

INFINITIF.

PRÉSENT.

Rend re.

PASSÉ.

Avoir rend u.

PARTICIPE.

PRÉSENT.

Rend ant.

PASSÉ.

Rend u, rend ue, ayant rend u.

Conjuguer de même : entendre, suspendre, défendre, répandre, confondre, répondre, vendre, etc.

OBSERVATIONS SUR LES VERBES DES QUATRE CONJUGAISONS.

Première conjugaison.

148. Dans les verbes terminés à l'infinitif par *cer*, comme *placer*, *percer*, on met une cédille sous le *c* devant les voyelles *a*, *o* : *il plaça, nous perçons*.

Ainsi se conjuguent :

Balancer, pincer, lancer, forcer, amorcer, tracer, menacer, etc.

149. Dans les verbes en *ger*, comme *ranger, manger*, le *g* prend un *e* muet devant les voyelles *a*, *o* : *nous rangeons, je mangeais*.

Ainsi se conjuguent :

Corriger, nager, juger, ravager, songer, changer, voyager, etc.

150. Les verbes en *eler* ou *eter*, comme *appeler, jeter*, prennent deux *l* ou deux *t* devant un *e* muet : *j'appelle, j'appellerai ; il jette, il jettera* (1).

Ainsi se conjuguent :

Chanceler, cacheter, projeter, ciseler, renouveler, etc.; mais on écrira avec une seule *l* ou un seul *t* : *je révèle, tu répètes,* ces verbes étant terminés par *éler, éter* et non par *eler, eter.*

151. Les verbes dont le participe présent est terminé par *yant* prennent un *y* et un *i* aux deux premières personnes plurielles de l'imparfait de l'indicatif et du présent du subjonctif : *nous essayions, que vous essayiez ; nous payions, que vous payiez.* Ces verbes changent aussi l'*y* en *i* devant l'*e* muet : *je paie, tu paies, il paiera.*

Ainsi se conjuguent :

Côtoyer, coudoyer, ennuyer, effrayer, employer, noyer, tutoyer, essuyer, etc.

152. Les verbes dont le participe présent est terminé par *iant,* prennent deux *i* aux deux premières personnes plurielles de l'imparfait de l'indicatif et du présent du subjonctif : *nous priions, que vous priiez ; nous riions, que vous riiez.*

Ainsi se conjuguent :

Décrier, manier, plier, sacrifier, vérifier, supplier, négocier, rectifier, apprécier, etc.

REMARQUE. Quoiqu'ils n'appartiennent pas à la première conjugaison, les verbes *fuir, rire, voir,* etc., doivent suivre la même règle que les verbes ci-dessus, parce qu'ils sont terminés au participe présent par *iant* ou par *yant.*

153. Les verbes qui ont à l'avant-dernière syllabe un *e* muet, le changent en *è* ouvert lorsque la syllabe qui suit est muette : *amener, j'amène, nous amènerons ; achever j'achève, nous achèverons.*

154. Les verbes qui ont à l'avant-dernière syllabe un *é* fermé, le changent aussi en *è* ouvert avant une syllabe muette : *céder, je cède, tu céderais ; régner, je règne, tu régneras.*

---

(1) L'Académie ne double pas la consonne des verbes *acheter, racheter, becqueter, celer, déceler, décolleter, écarteler, étiqueter, geler, dégeler, harceler, marteler, modeler, peler.*

155. Les verbes en *éer*, comme *créer, suppléer*, prennent deux *e* de suite dans toute la conjugaison, excepté devant les voyelles *a, o, i* : *je créai, nous suppléons, vous créiez*, etc. Le participe passé féminin prend trois *e* : *créée, suppléée*.

OBSERVATIONS SUR LES VERBES DE LA SECONDE CONJUGAISON.

156. *Bénir* fait au participe passé *bénit, bénite*, en parlant des choses consacrées par les prières de l'Eglise, et *béni, bénie* dans tous les autres cas : *pain bénit, eau bénite, nation bénie de Dieu*.

157. *Haïr* prend deux points sur l'*i* dans toute la conjugaison, excepté au singulier du présent de l'indicatif et de l'impératif : *je hais, tu hais, il hait ; hais*.

158. *Fleurir*, employé au figuré, dans le sens de prospérité, fait *florissait* à l'imparfait de l'indicatif et *florissant* au participe présent : *Athènes florissait sous Périclès ; les lettres florissant sous Louis XIV*.

OBSERVATIONS SUR LES VERBES DE LA TROISIÈME CONJUGAISON.

159. *Apercevoir, concevoir, percevoir, décevoir, devoir* et *redevoir* sont les seuls verbes de la troisième conjugaison qui se conjuguent sur *recevoir*. *Devoir* et *redevoir* prennent un accent circonflexe au participe passé masculin singulier : *dû, redû*.

REMARQUES SUR LES VERBES DE LA QUATRIÈME CONJUGAISON.

160. Les verbes en *indre* et en *soudre* se terminent par *s, s, t* aux trois personnes singulières du présent de l'indicatif : *je peins, tu peins, il peint ; je résous, tu résous, il résout*. Tous les autres verbes en *dre* conservent les finales *ds, ds, d* : *je perds, tu mords, il apprend*.

VERBE CONJUGUÉ INTERROGATIVEMENT.

VERBE **CHANTER**.

INDICATIF.
PRÉSENT.
Chanté-je ?
Chantes-tu ?
Chante-t-il ?
Chantons-nous ?
Chantez-vous ?
Chantent-ils ?

IMPARFAIT.
Chantais-je ?
Chantais-tu ?
Chantait-il ?
Chantions-nous ?
Chantiez-vous ?
Chantaient-ils ?

PASSÉ DÉFINI.
Chantai-je ?
Chantas-tu ?
Chanta-t-il ?
Chantâmes-nous ?
Chantâtes-vous ?
Chantèrent-ils ?

PASSÉ INDÉFINI.
Ai-je chanté ?
As-tu chanté ?
A-t-il chanté ?
Avons-nous chanté ?
Avez-vous chanté ?
Ont-ils chanté ?

PASSÉ ANTÉRIEUR.
Eus-je chanté ?
Eus-tu chanté ?
Eut-il chanté ?
Eûmes-nous chanté ?
Eûtes-vous chanté ?
Eurent-ils chanté ?

PLUS-QUE-PARFAIT.
Avais-je chanté ?
Avais-tu chanté ?
Avait-il chanté ?
Avions-nous chanté ?
Aviez-vous chanté ?
Avaient-ils chanté ?

FUTUR.
Chanterai-je ?
Chanteras-tu ?
Chantera-t-il ?
Chanterons-nous ?
Chanterez-vous ?
Chanteront-ils ?

FUTUR ANTÉRIEUR.
Aurai-je chanté ?
Auras-tu chanté ?
Aura-t-il chanté ?
Aurons-nous chanté ?
Aurez-vous chanté ?
Auront-ils chanté ?

CONDITIONNEL.
PRÉSENT.
Chanterais-je ?
Chanterais-tu ?
Chanterait-il ?
Chanterions-nous ?
Chanteriez-vous ?
Chanteraient-ils ?

PASSÉ.
Aurais-je chanté ?
Aurais-tu chanté ?
Aurait-il chanté ?
Aurions-nous chanté ?
Auriez-vous chanté ?
Auraient-ils chanté ?

AUTRE PASSÉ.
Eussé-je chanté ?
Eusses-tu chanté ?
Eusse-t-il chanté ?
Eussions-nous chanté ?
Eussiez-vous chanté ?
Eussent-ils chanté ?

Remarques.

161. 1° L'impératif, les temps du subjonctif et ceux de l'infinitif ne s'emploient pas interrogativement.

162. 2° Le passé antérieur interrogatif ne s'emploie aussi guère que dans les tournures suivantes : *à peine eus-je chanté ; à peine eus-je fini*, etc.

163. 3° La première personne du singulier de l'indicatif ne s'emploie pas non plus interrogativement, quand elle n'a qu'une syllabe ; ainsi on ne dit pas : *prends-je? vends-je? sers-je? tais-je? sors-je?* Cependant l'usage autorise : *ai-je? dis-je? dois-je? suis-je? crois-je? vois-je? fais-je?*

164. 4° On met un trait d'union entre le verbe et le sujet dans les temps simples : *recevais-je? rendis-je?* et un trait d'union entre l'auxiliaire et le sujet dans les temps composés : *avait-il reçu? eurent-ils rendu?*

165. 5° L'*e* muet qui termine le verbe se change en *é* fermé devant le pronom *je : aimé-je? eussé-je fini?*

166. 6° Quand le verbe est à la troisième personne du singulier et finit par une voyelle, on met entre le verbe et un des sujets *il, elle, on*, la lettre euphonique *t*, qui se met entre deux traits d'union : *aime-t-il? termine-t-il? a-t-on reçu? a-t-il fini?*

167. 7° On écrit *chanté-je? parlé-je?* au présent de l'indicatif, et *chantai-je? parlai-je?* au passé défini. La différence de signification empêche de confondre ces temps ; le premier signifie : *est-ce que je chante? est-ce que je parle?* et le second : *est-ce que je chantai? est-ce que je parlai?*

FORMATION DES TEMPS.

168. Les temps des verbes se divisent en temps *primitifs* et en temps *dérivés*.

169. Les temps primitifs sont ceux qui servent à former tous les autres ; il y en a cinq : le *présent de l'infinitif*, le *participe présent*, le *participe passé*, le *présent de l'indicatif* et le *passé défini*.

170. Les temps dérivés sont ceux qui dérivent des temps primitifs.

171. L'INFINITIF PRÉSENT forme deux temps :

1° Le *futur simple*, en changeant *r, oir, re* en *rai* : aimer, j'aimerai ; finir, je finirai ; recevoir, je recevrai ; rendre, je rendrai.

2° Le *conditionnel présent*, en changeant *r, oir* ou *re* en *rais* : aimer, j'aimerais ; finir, je finirais, recevoir, je recevrais ; rendre, je rendrais.

172. Le PARTICIPE PRÉSENT forme trois temps :

1° *Tout le pluriel du présent de l'indicatif*, en changeant

ant en *ons, ez, ent* : aimant, nous aimons, vous aimez, ils aiment; finissant, nous finissons, vous finissez, ils finissent; rendant, nous rendons, vous rendez, ils rendent.

Les verbes de la troisième conjugaison en *evoir*, changent *evant* en *oivent* à la troisième personne plurielle : recevant, nous recevons, vous recevez, ils reçoivent.

2º *L'imparfait de l'indicatif*, en changeant *ant* en *ais* : aimant, j'aimais; finissant, je finissais; recevant, je recevais; rendant, je rendais.

3º *Le présent du subjonctif* en changeant *ant* en *e* muet: aimant, que j'aime; finissant, que je finisse; rendant, que je rende.

Pour les verbes de la troisième conjugaison en *evoir*, on change *evant* en *oive* : recevant, que je reçoive.

173. Le PARTICIPE PASSÉ forme tous les temps composés à l'aide du verbe *avoir* ou du verbe *être*: j'ai aimé, j'avais fini, je suis venu, il était parti.

174. Le PRÉSENT DE L'INDICATIF forme l'impératif en supprimant les pronoms et l's à la première conjugaison : tu aimes, aime ; tu finis, finis ; nous rendons, rendons.

175. Le PASSÉ DÉFINI forme l'imparfait du subjonctif en changeant *ai* en *asse* pour la première conjugaison, et en ajoutant *se* pour les trois autres : j'aimai, que j'aimasse; je finis, que je finisse; je reçus, que je reçusse; je rendis, que je rendisse.

DES VERBES IRRÉGULIERS ET DES VERBES DÉFECTIFS.

176. On appelle *verbes irréguliers* ceux qui s'écartent des règles générales des conjugaisons.

177. On appelle *verbes défectifs* ceux qui ne sont pas usités à certains temps et à certaines personnes. Les verbes unipersonnels sont par conséquent tous défectifs.

REMARQUE. Les temps primitifs manquant, les temps qui en dérivent manquent ordinairement. Ainsi *absoudre* et *braire* n'ayant pas de passé défini, n'ont pas d'imparfait du subjonctif.

CONJUGAISON DES VERBES PASSIFS.

VERBE ÊTRE AIMÉ.

INDICATIF.

PRÉSENT.

Je suis { aimé
Tu es { ou
Il ou elle est { aimée.
Nous sommes { aimés
Vous êtes { ou
Ils ou elles sont { aimées.

IMPARFAIT.

J'étais { aimé
Tu étais { ou
Il ou elle était { aimée.
Nous étions { aimés
Vous éliez { ou
Ils ou elles étaient { aimées.

PASSÉ DÉFINI.

Je fus { aimé
Tu fus { ou
Il ou elle fut { aimée.
Nous fûmes { aimés
Vous fûtes { ou
Ils ou elles furent { aimées.

PASSÉ INDÉFINI.

J'ai été { aimé
Tu as été { ou
Il ou elle a été { aimée.
Nous avons été { aimés
Vous avez été { ou
Ils ou elles ont été { aimées.

PASSÉ ANTÉRIEUR.

J'eus été { aimé
Tu eus été { ou
Il ou elle eut été { aimée.
Nous eûmes été { aimés
Vous eûtes été { ou
Ils ou elles eurent été { aimées.

PLUS-QUE-PARFAIT.

J'avais été { aimé
Tu avais été { ou
Il ou elle avait été { aimée.
Nous avions été { aimés
Vous aviez été { ou
Ils ou elles avaient été { aimées.

FUTUR.

Je serai { aimé
Tu seras { ou
Il ou elle sera { aimée.
Nous serons { aimés
Vous serez { ou
Ils ou elles seront { aimées.

FUTUR ANTÉRIEUR.

J'aurai été { aimé
Tu auras été { ou
Il ou elle aura été { aimée.
Nous aurons été { aimés
Vous aurez été { ou
Ils ou elles auront été { aimées.

CONDITIONNEL.

PRÉSENT.

Je serais { aimé
Tu serais { ou
Il ou elle serait { aimée.
Nous serions { aimés
Vous seriez { ou
Ils ou elles seraient { aimées.

PASSÉ.

J'aurais été { aimé
Tu aurais été { ou
Il ou elle aurait été { aimée.
Nous aurions été { aimés
Vous auriez été { ou
Ils ou elles auraient été { aimées.

On dit aussi :

J'eusse été { aimé
Tu eusses été { ou
Il ou elle eût été { aimée.
Nous eussions été { aimés
Vous eussiez été { ou
Ils ou elles eussent été { aimées.

GRAMMAIRE

IMPÉRATIF.

Sois { aimé *ou* aimée.
Soyons
Soyez } aimés *ou* aimées.

SUBJONCTIF.

PRÉSENT OU FUTUR.

Que je sois
Que tu sois
Qu'il *ou* qu'elle soit } aimé *ou* aimée.
Que nous soyons
Que vous soyez
Qu'ils *ou* qu'elles soient } aimés *ou* aimées.

IMPARFAIT.

Que je fusse
Que tu fusses
Qu'il *ou* qu'elle fût } aimé *ou* aimée.
Que nous fussions
Que vous fussiez
Qu'ils *ou* qu'elles fussent } aimés *ou* aimées.

PASSÉ.

Que j'aie été
Que tu aies été
Qu'il *ou* qu'elle ait été } aimé *ou* aimée.
Que nous ayons été
Que vous ayez été
Qu'ils *ou* qu'elles aient été } aimés *ou* aimées.

PLUS-QUE-PARFAIT.

Que j'eusse été
Que tu eusses été
Qu'il *ou* qu'elle eût été } aimé *ou* aimée.
Que nous eussions été
Que vous eussiez été
Qu'ils *ou* qu'elles eussent été } aimés *ou* aimées.

INFINITIF.

PRÉSENT.

Être aimé *ou* aimée, aimés *ou* aimées.

PASSÉ.

Avoir été aimé *ou* aimée, aimés *ou* aimées.

PARTICIPE.

PRÉSENT.

Étant aimé *ou* aimée, aimés *ou* aimées.

PASSÉ.

Ayant été aimé *ou* aimée, aimés *ou* aimées.

CONJUGAISON DES VERBES NEUTRES.

VERBE PARTIR.

INDICATIF.

PRÉSENT.

Je pars.
Tu pars.
Il *ou* elle part
Nous partons.
Vous partez.
Ils *ou* elles partent.

IMPARFAIT.

Je partais.
Tu partais.
Il *ou* elle partait.
Nous partions.
Vous partiez.
Ils *ou* elles partaient.

PASSÉ DÉFINI.

Je partis.
Tu partis.
Il *ou* elle partit.
Nous partîmes.
Vous partîtes.
Ils *ou* elles partirent.

PASSÉ INDÉFINI.

Je suis
Tu es
Il *ou* elle est } parti *ou* partie.
Nous sommes
Vous êtes
Ils *ou* elles sont } partis *ou* parties.

FRANÇAISE. 39

PASSÉ ANTÉRIEUR.

Je fus { parti
Tu fus. { ou
Il *ou* elle fut { partie.
Nous fûmes { partis
Vous fûtes { ou
Ils *ou* elles furent { parties.

PLUS-QUE-PARFAIT.

J'étais { parti
Tu étais { ou
Il *ou* elle était { partie.
Nous étions { partis
Vous étiez { ou
Ils *ou* elles étaient { parties.

FUTUR.

Je partirai.
Tu partiras.
Il *ou* elle partira.
Nous partirons.
Vous partirez.
Ils *ou* elles partiront.

FUTUR ANTÉRIEUR.

Je serai { parti
Tu seras { ou
Il *ou* elle sera { partie.
Nous serons { partis
Vous serez { ou
Ils *ou* elles seront { parties.

CONDITIONNEL.

PRÉSENT.

Je partirais.
Tu partirais.
Il *ou* elle partirait.
Nous partirions.
Vous partiriez.
Ils *ou* elles partiraient.

PASSÉ.

Je serais { parti
Tu serais { ou
Il *ou* elle serait { partie.
Nous serions { partis
Vous seriez { ou
Ils *ou* elles seraient { parties.

On dit aussi :

Je *fusse* { parti
Tu *fusses* { ou
Il *ou* elle *fût* { partie.
Nous *fussions* { partis
Vous *fussiez* { ou
Ils *ou* elles *fussent* { parties.

IMPÉRATIF.

Pars.
Partons.
Partez.

SUBJONCTIF.

PRÉSENT OU FUTUR.

Que je parte.
Que tu partes.
Qu'il *ou* qu'elle parte.
Que nous partions.
Que vous partiez.
Qu'ils *ou* qu'elles partent.

IMPARFAIT.

Que je partisse.
Que tu partisses.
Qu'il *ou* qu'elle partît.
Que nous partissions.
Que vous partissiez.
Qu'ils *ou* qu'elles partissent.

PASSÉ.

Que je sois { parti
Que tu sois { ou
Qu'il *ou* qu'elle soit { partie.
Que nous soyons { partis
Que vous soyez { ou
Qu'ils *ou* qu'elles soient { parties.

PLUS-QUE-PARFAIT.

Que je fusse { parti
Que tu fusses { ou
Qu'il *ou* qu'elle fût { partie.
Que nous fussions { partis
Que vous fussiez { ou
Qu'ils *ou* qu'elles fussent { parties.

INFINITIF.

PRÉSENT.

Partir.

PASSÉ.

Être parti *ou* partie.

PARTICIPE.

PRÉSENT.

Partant.

PASSÉ.

Parti, partie, étant parti *ou* étant partie.

CONJUGAISON DES VERBES PRONOMINAUX.

VERBE SE REPENTIR.

INDICATIF.

PRÉSENT.

Je me repens.
Tu te repens.
Il *ou* elle se repent.
Nous nous repentons.
Vous vous repentez.
Ils *ou* elles se repentent.

IMPARFAIT.

Je me repentais.
Tu te repentais.
Il *ou* elle se repentait.
Nous nous repentions.
Vous vous repentiez.
Ils *ou* elles se repentaient.

PASSÉ DÉFINI.

Je me repentis.
Tu te repentis.
Il *ou* elle se repentit.
Nous nous repentîmes.
Vous vous repentîtes.
Ils *ou* elles se repentirent.

PASSÉ INDÉFINI.

Je me suis   { repenti
Tu t'es   {   ou
Il *ou* elle s'est { repentie.
Nous nous sommes { repentis
Vous vous êtes   {   ou
Ils *ou* elles se sont { repenties.

PASSÉ ANTÉRIEUR.

Je me fus   { repenti
Tu te fus   {   ou
Il *ou* elle se fut { repentie.
Nous nous fûmes { repentis
Vous vous fûtes {   ou
Ils *ou* elles se furent { repenties.

PLUS-QUE-PARFAIT.

Je m'étais   { repenti
Tu t'étais   {   ou
Il *ou* elle s'était { repentie.
Nous nous étions { repenti
Vous vous étiez {   ou
Ils *ou* elles s'étaient { repentie

FUTUR.

Je me repentirai.
Tu te repentiras.
Il *ou* elle se repentira.
Nous nous repentirons.
Vous vous repentirez.
Ils *ou* elles se repentiront.

FUTUR ANTÉRIEUR.

Je me serai   { repenti
Tu te seras   {   ou
Il *ou* elle se sera { repentie
Nous nous serons { repentis
Vous vous serez {   ou
Ils *ou* elles se seront { repenties

CONDITIONNEL.

PRÉSENT.

Je me repentirais.
Tu te repentirais.
Il *ou* elle se repentirait.
Nous nous repentirions.
Vous vous repentiriez.
Ils *ou* elles se repentiraient.

PASSÉ.

Je me serais   { repenti
Tu te serais   {   ou
Il *ou* elle se serait { repentie
Nous nous serions { repentis
Vous vous seriez {   ou
Ils *ou* elles se seraient { repentie

On dit aussi :

Je me fusse   { repenti
Tu te fusses   {   ou
Il ou elle se fût { repenti
Nous nous fussions { repenti
Vous vous fussiez {   ou
Ils *ou* elles se fussent { repenti

FRANÇAISE.

IMPÉRATIF.

Repens-toi.
Repentons-nous.
Repentez-vous.

SUBJONCTIF.

PRÉSENT OU FUTUR.

Que je me repente.
Que tu te repentes.
Qu'il *ou* qu'elle se repente.
Que nous nous repentions.
Que vous vous repentiez.
Qu'ils *ou* qu'elles se repentent.

IMPARFAIT.

Que je me repentisse.
Que tu te repentisses.
Qu'il *ou* qu'elle se repentît.
Que nous nous repentissions.
Que vous vous repentissiez.
Qu'ils *ou* qu'elles se repentissent.

PASSÉ.

Que je me sois ⎫
Que tu te sois ⎬ repenti *ou* repentie.
Qu'il *ou* qu'elle se soit ⎭

Que nous nous soyons ⎫
Que vous vous soyez ⎬ repentis *ou* repenties.
Qu'ils *ou* qu'elles se soient ⎭

PLUS-QUE-PARFAIT.

Que je me fusse ⎫
Que tu te fusses ⎬ repenti *ou* repentie.
Qu'il *ou* qu'elle se fût ⎭

Que nous nous fussions ⎫
Que vous vous fussiez ⎬ repentis *ou* repenties.
Qu'ils *ou* qu'elles se fussent ⎭

INFINITIF.

PRÉSENT.

Se repentir.

PASSÉ.

S'être repenti *ou* repentie, repentis *ou* repenties.

PARTICIPE.

PRÉSENT.

Se repentant.

PASSÉ.

S'étant repenti *ou* repentie, repentis *ou* repenties.

CONJUGAISON DU VERBE UNIPERSONNEL.

VERBE PLEUVOIR.

INDICATIF.

PRÉSENT.
Il pleut.

IMPARFAIT.
Il pleuvait.

PASSÉ DÉFINI.
Il plut.

PASSÉ INDÉFINI.
Il a plu.

PASSÉ ANTÉRIEUR.
Il eut plu.

PLUS-QUE-PARFAIT.
Il avait plu.

FUTUR.
Il pleuvra.

FUTUR ANTÉRIEUR.
Il aura plu.

CONDITIONNEL.

PRÉSENT.
Il pleuvrait.

PASSÉ.
Il aurait plu *ou* il eût plu.

GRAMMAIRE

SUBJONCTIF.

PRÉSENT.

Qu'il pleuve.

IMPARFAIT.

Qu'il plût.

PASSÉ.

Qu'il ait plu.

PLUS-QUE-PARFAIT.

Qu'il eût plu.

INFINITIF.

PRÉSENT.

Pleuvoir.

PASSÉ.

Avoir plu.

PARTICIPE.

PRÉSENT.

Pleuvant.

PASSÉ.

Plu (sans féminin), ayant plu

TABLEAU DES VERBES IRRÉGULIERS.

dont les temps dérivés suivent les règles de la formation des temps.

Temps primitifs.

PRÉSENT de l'infinitif.	PARTICIPE présent.	PARTICIPE passé.	PRÉSENT de l'indicatif.	PASSÉ défini.
Asservir,	asservissant,	asservi,	j'asservis,	j'asservis.
Battre,	battant,	battu,	je bats,	je battis.
Conclure,	concluant,	conclu,	je conclus,	je conclus.
Conduire,	conduisant,	conduit,	je conduis,	je conduisis
Connaître,	connaissant,	connu,	je connais,	je connus.
Confire,	confisant,	confit,	je confis,	je confis.
Coudre,	cousant,	cousu,	je couds,	je cousis.
Couvrir,	couvrant,	couvert,	je couvre,	je couvris.
Craindre,	craignant,	craint,	je crains,	je craignis.
Croire,	croyant,	cru,	je crois,	je crus.
Croître,	croissant,	crû,	je crois,	je crûs.
Dire, 1	disant,	dit,	je dis,	je dis.
Dormir,	dormant,	dormi	je dors,	je dormis.
Ecrire,	écrivant,	écrit,	j'écris,	j'écrivis.
Exclure,	excluant,	exclu,	j'exclus,	j'exclus.

1. La seconde personne du pluriel du présent de l'indicatif est *vous dites* et non pas *vous disez*.

Temps primitifs.

PRÉSENT de l'infinitif.	PARTICIPE présent.	PARTICIPE passé.	PRÉSENT de l'indicatif.	PASSÉ défini.
Fuir,	fuyant,	fui,	je fuis,	je fuis.
Joindre,	joignant,	joint,	je joins,	je joignis.
Lire,	lisant,	lu,	je lis,	je lus.
Maudire,	maudissant,	maudit,	je maudis,	je maudis.
Médire, 1	médisant,	médit,	je médis,	je médis.
Mentir,	mentant,	menti,	je mens,	je mentis.
Mettre,	mettant,	mis,	je mets,	je mis.
Moudre,	moulant,	moulu,	je mouds,	je moulus.
Naître,	naissant,	né,	je nais,	je naquis.
Nuire,	nuisant,	nui,	je nuis,	je nuisis.
Oindre,	oignant,	oint,	j'oins,	j'oignis.
Offrir,	offrant,	offert,	j'offre,	j'offris.
Ouvrir,	ouvrant,	ouvert,	j'ouvre,	j'ouvris.
Paraître,	paraissant,	paru,	je parais,	je parus.
Partir,	partant,	parti,	je pars,	je partis.
Repaître,	repaissant,	repu,	je repais,	je repus.
Prendre, 2	prenant,	pris,	je prends,	je pris.
Plaire,	plaisant,	plu,	je plais,	je plus.
Pourvoir,	pourvoyant,	pourvu,	je pourvois,	je pourvus.
Prévoir,	prévoyant,	prévu,	je prévois,	je prévis.
Résoudre,	résolvant,	résolu,	je résous,	je résolus.
Rire,	riant,	ri,	je ris,	je ris.
Rompre,	rompant,	rompu,	je romps,	je rompis.
Suffire,	suffisant,	suffi,	je suffis,	je suffis.
Suivre,	suivant,	suivi,	je suis,	je suivis.
Taire,	taisant,	tu,	je tais,	je tus.
Teindre,	teignant,	teint,	je teins,	je teignis.
Tressaillir,	tressaillant,	tressailli,	je tressaille,	je tressaillis.
Vaincre, 3	vainquant,	vaincu,	je vaincs,	je vainquis.
Vêtir,	vêtant,	vêtu,	je vêts,	je vêtis.
Vivre,	vivant,	vécu,	je vis,	je vécus.
Venir,	venant,	venu,	je viens,	je vins,

1 Au pluriel de l'indicatif : nous médisons, vous médisez, ils médisent.

2 Dans ce verbe on double la lettre n toutes les fois qu'elle est suivie d'un e muet; *ils prennent, que tu prennes,* etc.

3 Le c se remplace par *qu* devant les voyelles *a, e, i, o; nous vainquons, vous vainquiez, vainquant,* etc.

GRAMMAIRE
TABLEAU DES VERBES IRRÉGULIERS
qui ne suivent pas les règles de la formation des temps

Temps primitifs.				
PRÉSENT de l'infinitif.	PARTICIPE présent.	PARTICIPE passé.	PRÉSENT de l'indicatif.	PASSÉ défini.
Aller, 1	allant,	allé,	je vais,	j'allai.
S'asseoir, 2	s'asseyant,	assis,	je m'assieds	je m'assis.
Absoudre,	absolvant,	absous,	j'absous,	
Acquérir, 3	acquérant,	acquis,	j'acquiers,	j'acquis.
Boire,	buvant,	bu,	je bois,	je bus.
Cueillir, 4	cueillant,	cueilli,	je cueille,	je cueillis.
Courir, 5	courant,	couru,	je cours,	je courus.
Déchoir, 6		déchu,	je déchois,	je déchus.
Echoir, 7	échéant,	échu,	il échoit,	il échut.
Falloir, 8		fallu,	il faut,	il fallut.
Faire, 9	faisant,	fait,	je fais,	je fis.
Frire, 10		frit,	je fris,	

1 Indicatif présent : je vais, tu vas, il va, nous allons, vous allez, ils vont. — Futur : j'irai, tu iras. — Conditionnel : j'irais. — Impératif : va, allons, allez. — Subjonctif : que j'aille, que tu ailles, qu'il aille, que nous allions, que vous alliez, qu'ils aillent.

2 Je m'assieds, tu t'assieds, il s'assied, nous nous asseyons, vous vous asseyez, ils s'asseyent. — Futur : je m'assiérai *ou* je m'asseyerai. — Conditionnel : je m'assiérais *ou* je m'asseyerais. — Subjonctif présent : que je m'asseye. — Participe présent : asseyant. — Participe passé : assis.

3 J'acquiers, tu acquiers, il acquiert, nous acquérons, vous acquérez, ils acquièrent. — Futur : j'acquerrai. — Conditionnel : j'acquerrais. — Subjonctif présent : que j'acquière, que tu acquières, qu'il acquière, que nous acquérions, que vous acquériez, qu'ils acquièrent.

4 Futur : je cueillerai. — Conditionnel : je cueillerais.

5 Futur : je courrai. — Conditionnel : je courrais.

6 Je déchois, tu déchois, il déchoit, nous déchoyons, vous déchoyez, ils déchoient. — Passé défini : je déchus. — Futur : je décherrai. — Conditionnel : je décherrais. — Subjonctif présent : que je déchoie, que tu déchoies, qu'il déchoie, que nous déchoyions, que vous déchoyiez, qu'ils déchoient. — Plus-que-parfait : que je déchusse, etc. Les autres temps simples sont inusités.

7 Indicatif : il échoit *ou* il échet (prononcez de même). Il échut ; il écherra ; il écherrait ; qu'il échoie ; qu'il échût.

8 Il fallait ; il faudra ; il faudrait ; qu'il faille.

9 Je fais, tu fais, il fait, nous faisons, vous faites, ils font. Je ferai, je ferais. Fais, faisons, faites. Que je fasse, que tu fasses, etc.

10 Je fris, tu fris, il frit. Point de pluriel. Il frira, il frirait. — Impératif singulier : fris. — Participe passé : frit, frite.

Temps primitifs.

PRÉSENT de l'infinitif.	PARTICIPE présent.	PARTICIPE passé.	PRÉSENT de l'indicatif.	PASSÉ défini.
Gésir, 1	gisant,		il gît,	
Mourir, 2	mourant,	mort,	je meurs,	je mourus.
Mouvoir, 3	mouvant,	mû,	je meus,	je mus.
Pleuvoir, 4	pleuvant,	plu,	il pleut,	il plut.
Pouvoir, 5	pouvant,	pu,	je puis ou je peux,	je pus.
Promouvoir 6		promu,		je promus.
Prévaloir, 7	prévalant,	prévalu,	je prévaux,	je prévalus
Savoir, 8	sachant,	su,	je sais,	je sus.
Valoir, 9	valant,	valu,	je vaux,	je valus.
Voir, 10	voyant,	vu,	je vois,	je vis.
Vouloir, 11	voulant,	voulu,	je veux,	je voulus.

1 Indicatif présent : il gît, ci-gît, nous gisons, vous gisez, ils gisent. — Imparfait : je gisais. — Participe présent : gisant.

2 Indicatif : je meurs, tu meurs, il meurt, nous mourons, vous mourez, ils meurent. — Futur : je mourrai. Conditionnel : je mourrais. — Subjonctif présent : que je meure, que tu meures, qu'il meure, que nous mourions, que vous mouriez, qu'ils meurent.

3 Présent de l'indicatif : je meus, tu meus, il meut, nous mouvons, vous mouvez, ils meuvent. — Subjonctif présent : que je meuve, que tu meuves, qu'il meuve, que nous mouvions, que vous mouviez, qu'ils meuvent.

4 Au figuré : les coups pleuvent, pleuvaient sur ses épaules meurtries.

5 Indicatif présent : je peux *ou* je puis, tu peux, il peut, nous pouvons, vous pouvez, ils peuvent. — Futur : je pourrai. — Conditionnel: je pourrais. — Subjonctif présent : que je puisse, que tu puisses, etc.

6 Passé défini : je promus, tu promus, etc. — Imparfait du subjonctif : que je promusse, que tu promusses, etc.

7 Futur : je prévaudrai. — Conditionnel : je prévaudrais. — Subjonctif : que je prévale.

8 Je sais, tu sais, il sait, nous savons, vous savez, ils savent. — Imparfait : je savais. — Futur : je saurai. — Conditionnel : je saurais. — Impératif : sache, sachons, sachez. — Subjonctif : que je sache.

9 Indicatif présent : je vaux, tu vaux, il vaut, nous valons, vous valez, ils valent. — Futur : je vaudrai. — Conditionnel : je vaudrais. Point d'impératif. — Subjonctif : que je vaille, que tu vailles, qu'il vaille, que nous valions, que vous valiez, qu'ils vaillent.

10 Futur : je verrai. — Conditionnel : je verrais.

11 Indicatif : je veux, tu veux, il veut, nous voulons, vous voulez, ils veulent. — Futur : je voudrai. — Conditionnel : je voudrais. — Impératif : veux, voulons, voulez *et souvent* veuillez. — Subjonctif présent : que je veuille, que tu veuilles, qu'il veuille, que nous voulions, que vous vouliez, qu'ils veuillent.

Accord du verbe avec son sujet.

178. 1re RÈGLE. Tout verbe s'accorde en nombre et « personne avec son sujet : *je parle; parle* est au singuli et à la première personne parce que son sujet *je* est c singulier et de la première personne.

Vous parlez; parlez est au pluriel et à la seconde per sonne, parce que son sujet *vous* est du pluriel et de seconde personne.

REMARQUE. Les noms représentent toujours la tro sième personne; en conséquence, le verbe devra êt mis à la troisième personne du singulier, s'il a pour suj un nom singulier, et à la troisième personne du plurie s'il a pour sujet un nom pluriel : *l'enfant dort,* c'est-à dire *il dort; ces hommes travaillent,* c'est-à-dire *ils trava lent; ces dames se promènent,* c'est-à-dire *elles se prom nent.*

2e RÈGLE. Quand un verbe a deux sujets singulier il se met au pluriel, parce que deux singuliers vale un pluriel.

La peine et le plaisir passent comme une ombre.
Mon frère et ma sœur lisent.

3e RÈGLE. Si le verbe a plusieurs sujets, il se met a pluriel, et si les sujets sont de différentes personnes, o le fait accorder en personne avec celle qui a la priorité la première personne a la priorité sur la seconde, et l seconde sur la troisième :

Pierre et Jean travaillent,
Vous et votre frère dormiez,
Votre père et moi nous irons vous voir (1).

QUESTIONNAIRE. — 93. Q. le *verbe?* — 94. Comment reco naît-on qu'un mot est *verbe?* — 95. Qu'est-ce que l'on nomme suj du verbe? — 96. Comment trouve-t-on le sujet d'un verbe? — 9 Qu'appelle-t-on *complément?* — 98. Combien les verbes ont-ils d sortes de compléments? quels sont-ils? — 99. Q. le complémer direct? — 100. Comment le reconnaît-on? — 101. Q. le complémer indirect? comment le reconnaît-on? — 102. Q. R. V. sur *le, la, les* — 103. sur *que?* — 104. sur *lui, leur, dont, en, y?* — 105. Q. R. sur *me, te, se, nous, vous?* — 106. Dans quel cas ces derniers mo

---

(1) L'usage veut que, par politesse, celui qui parle se nomme l dernier.

sont-ils compléments indirects? — 107. Combien y a-t-il de sortes de verbes adjectifs? nommez-les. — 108. Q. le verbe actif? comment reconnaît-on qu'un verbe est actif? — 109. Q. le verbe neutre? comment reconnaît-on qu'un verbe est neutre? — 110. Q. le verbe passif? — 111. Q. les verbes pronominaux? comment se conjuguent-ils? — 112. Qu'appelle t-on verbes *essentiellement pronominaux*? — Qu'appelle-t-on verbes *accidentellement pronominaux*? — 113. Q. R. V. sur les verbes unipersonnels? — 114. Qu'appelle-t-on modifications du verbe? combien en distingue-t-on? Quelles sont-elles? — 115. Q. le nombre dans les verbes? — 116. Q. la personne? — 117. Qu'appelle-t-on mode? — 118. Combien y a-t-il de modes? quels sont-ils? — 119. De quelle manière l'indicatif présente-t-il l'action? — 120. le conditionnel? — 121. l'impératif? — 122. le subjonctif? — 123. l'infinitif? — 124. Q. le temps? — 125. Combien la durée comprend-elle d'époques? — 126. Pourquoi n'y a-t-il qu'un *présent*, et pourquoi y a-t-il plusieurs futurs? — 127. Combien y a-t-il de temps pour les trois époques, et quels sont-ils? — 128. Comment le présent exprime-t-il l'action? — 129, 130, 131, 132, 133, 134. Quels sont les temps qui marquent le passé? comment chacun de ces temps exprime-t-il l'action? — 135. Quels sont les temps qui marquent le futur? de quelle manière chacun de ces temps exprime-t-il l'action? — 136. Comment les temps se divisent-ils encore? — 137. Q. les temps *simples* d'un verbe? — 138. Q. les temps composés? — 139. Q. conjuguer un verbe? — 140. Combien y a-t-il de conjugaisons et comment les désigne-t-on? — 141. Comment chaque conjugaison est-elle terminée? — 142. Q. R. V. sur les verbes *avoir* et *être*? — 143 Q. R. V. sur les temps composés? — 144. Q. R. V. encore sur les temps composés? — 145. Que distingue-t-on dans le verbe? — 146. Q. le *radical*? — 147. Comment obtient-on le radical d'un verbe? — 148. Q. R. V. sur les verbes terminés à l'infinitif par *cer*? — 149. par *ger*? — 150. par *eler* ou par *eter*? — 151. Q. R. V. sur les verbes dont le participe présent est terminé par *yant*? — 152. sur les verbes dont le participe présent est terminé par *iant*? — 153. Q. R. V. sur les verbes qui ont un *e* muet à l'avant-dernière syllabe? — 154. Q. R. V. sur les verbes qui ont un *é* fermé à l'avant-dernière syllabe? — 155 Q. R. V. sur les verbes en *éer*? — 156. Q. R. V. sur le participe passé du verbe *bénir*? — 157. sur le verbe *haïr*? — 158. sur le verbe *fleurir*? — 159. Q. R. V. sur les verbes *apercevoir*, *concevoir*, *percevoir*, *décevoir*, *devoir* et *redevoir*? — 160. Q. R. V. sur les verbes en *indre* et en *soudre*? — Q. R. V. sur les temps suivants: — 1º 161. sur l'impératif? — 2º 162. sur le passé antérieur? — 3º 163. sur la première personne du singulier de l'indicatif? — 4º 164. sur les temps simples? — 165. Que devient l'*e* muet qui termine le verbe devant le pronom *je*? — 166. Quand le verbe est à la troisième personne du singulier et finit par une voyelle, que met-on entre le verbe et un des sujets, *il*, *elle*, *on*? — 167. Dans quel temps écrit-on *chanté-je*, *parlé-je*, ainsi que *chantai-je*, *parlai-je*? — 168. Comment se divisent les temps des verbes? — 169. Q. les temps primitifs? combien y en a-t-il? — 170. Q. les temps dérivés? — 171. Combien l'*infinitif présent* forme-t-il de temps, et quels sont ces temps? — 172. Combien le *participe présent* forme-t-il de temps et quels sont-ils, et quels sont les changements qui s'opèrent dans cette formation? — 173. Quels temps forme le *participe passé*? —

48　　　　　　　　GRAMMAIRE

174. le *présent de l'indicatif?* — 175. le *passé défini?* — 1 Qu'appelle-t-on *verbes irréguliers?* — 177. *verbes défectifs?* Q. R. V. sur les verbes *défectifs?* — 178. Avec quoi le verbe s'a corde-t-il? — Quand un verbe a deux sujets singuliers, comm s'écrit-il? — Si le verbe a plusieurs sujets, comment s'écrit-il, et les sujets sont de différentes personnes, comment s'accorde le verl

CHAPITRE VI.

DU PARTICIPE.

179. Le *participe* est ainsi appelé parce que c'est u mot qui *participe*, qui tient de la nature du verbe et d celle de l'adjectif; il tient du verbe en ce qu'il en a signification et le complément: *aimant Dieu, aimé Dieu*. Il tient de l'adjectif en ce qu'il qualifie le mot au quel il se rapporte: *Des enfants aimés de leurs maître un vieillard respecté*.

180. Il y a deux sortes de participes: le *participe pr sent* terminé en *ant* et toujours invariable. Exemple:
Il partit en chantant.
Et le *participe passé* qui a diverses terminaisons et e susceptible de prendre l'accord: *j'ai lu; ces travaux so terminés*.

ACCORD DU PARTICIPE PASSÉ.

Règles générales.

181. 1re RÈGLE. Le participe passé employé sans aux liaire, s'accorde comme l'adjectif, en genre et en nombre avec le nom ou le pronom auquel il se rapporte: *un enfa puni, des enfants punis; une campagne cultivée, des campa gnes cultivées*.

182. 2e RÈGLE. Le participe passé employé avec l'auxi liaire *être* s'accorde avec son sujet: EXEMPLE: *Ces enfan sont chéris de leur maître; c'est sur la côte d'Afrique qu fut bâtie la fameuse Carthage*.

183. 3e RÈGLE. Le participe passé employé avec l'auxi liaire *avoir* s'accorde avec son complément direct, si c complément précède le participe; mais si le complémen

est après, ou que le verbe n'en ait point, le participe reste invariable.

Ainsi l'on écrit :

Avec accord :	Sans accord :
Lisez la lettre que j'ai écrite.	J'ai écrit une lettre.
Ma fille, on t'a punie.	On a puni ma fille.
Quelle joie j'ai éprouvée.	J'ai éprouvé de la joie.
Les leçons que les élèves ont récitées.	Les élèves ont récité les leçons.

QUESTIONNAIRE.—179. Pourquoi le *participe* est-il ainsi appelé, et quelle est sa fonction ? — 180. Combien y a-t-il de sortes de participes ? quelles sont ces deux sortes ? — 181. Comment s'accorde le participe passé sans auxiliaire ? — 182. Comment s'accorde le participe passé avec l'auxiliaire *être* ? — 183. avec l'auxiliaire *avoir* ?

DES MOTS INVARIABLES

CHAPITRE VII.

DE L'ADVERBE.

184. L'*adverbe* est un mot invariable qui modifie ou un verbe : *il parle savamment* ; ou un adjectif : *il est très-savant* ; ou un autre adverbe : *il a parlé fort savamment.* On le nomme adverbe parce qu'il accompagne le plus souvent un verbe.

Liste des principaux adverbes.

185. 1° Adverbes de temps : *Alors, aujourd'hui, autrefois, aussitôt, bientôt, demain, encore, hier, jadis, jamais, longtemps, quelquefois, souvent, tard, tôt, toujours, etc.*
2° de lieu : *alentour, ailleurs, dessus, dessous, dedans, dehors, partout, où, ici, là, y, etc.*
3° d'ordre : *d'abord, ensuite, premièrement, puis, secondement, etc.*
4° de comparaison : *aussi, autant, mieux, moins, plus, comme, très, fort, etc.*
5° de quantité : *peu, trop, beaucoup, moins, assez, tant, davantage, etc.*
6° d'affirmation et de négation : *assurément, certainement, oui, non, ne, ne pas, nullement, ne point, etc.*
7° de manière : *bien, mal, sagement, poliment, vite, prudemment, méchamment, etc.*

3

186. On appelle *locution adverbiale* un assemblage de mots remplissant la fonction d'adverbe; tels sont : *à peu près, peu à peu, sans cesse, au hasard, tout à coup, tour à tour, sur-le-champ, de nouveau, à tort et à travers, etc.*

QUESTIONNAIRE. — 184. Q. l'adverbe ? — 185. Nommez les adverbes les plus usités : 1° de temps, 2° de lieu, 3° d'ordre, 4° de comparaison, 5° de quantité, 6° d'affirmation, 7° de manière ? — 186. Qu'appelle-t-on *locution adverbiale* ?

CHAPITRE VIII.

DE LA PRÉPOSITION.

187. La *préposition* est un mot invariable qui établit un rapport entre le mot qui la précède et celui qui la suit. Quand je dis : *Le fruit de l'arbre, je vous invite à venir, de* et *à* marquent le rapport qu'il y a entre *fruit* et *arbre*, entre *inviter* et *venir* : *de* et *à* sont des prépositions.

188. La préposition n'a par elle-même qu'un sens inachevé : le mot qui en complète la signification en est le complément, ainsi : *travailler pour; utile à;* il faut joindre les compléments *soi, homme;* et dire : *travailler pour soi, utile à l'homme.*

Liste des prépositions les plus usitées.

189. *Après, avant, avec, chez, contre, dans, de, depuis, dès, durant, en, entre, outre, par, parmi, pendant, pour, sans, selon, sous, sur, vers, envers, voici, voilà.*

190. On nomme *locution prépositive* un assemblage de mots qui font l'office d'une préposition, tels sont : *à côté de, à cause de, à l'égard de, à travers, auprès de, autour de, en faveur de, par dessus, par dessous, près de, quant à, etc.*

QUESTIONNAIRE. — 187. Q. la *préposition* ? — 188. La préposition offre-t-elle par elle-même un sens achevé ? — 189. Nommez les prépositions les plus usitées. — 190. Qu'appelle-t-on *locution prépositive* ?

CHAPITRE IX.

DE LA CONJONCTION.

191. La *conjonction* est un mot invariable qui sert à lier les différents membres d'une phrase. Quand je dis : *Aimons Dieu, car il est bon*, le mot *car* est une *conjonction* qui sert à lier le premier membre de la phrase : *aimons Dieu*, avec le second : *il est bon*.

Liste des conjonctions les plus usitées.

192. *Car, cependant, comme, donc, et, lorsque, mais, néanmoins, ni, or, ou, pourquoi, pourtant, puisque, que, quand, quoique, si, sinon, toutefois.*
193. On appelle *locution conjonctive* plusieurs mots réunis faisant l'office d'une conjonction, tels sont : *afin que, ainsi que, au surplus, c'est pourquoi, en conséquence, parce que, pourvu que, tandis que, etc.*

QUESTIONNAIRE. — 191. Q. la *conjonction* ? — 192. Nommez les conjonctions les plus usitées. — 193. Qu'appelle-t-on *locution conjonctive* ?

CHAPITRE X.

DE L'INTERJECTION.

194. L'*interjection* est un mot invariable qui sert à exprimer les sentiments vifs et subits de l'âme, tels que la joie, la douleur, l'admiration, la surprise, etc.
Les principales interjections sont :

Pour exprimer la joie : *Ah! bon!*
— la douleur : *Ah! hélas! aïe!*
— la crainte : *Ha! hé!*
— la surprise : *Ho! bah!*
— l'aversion : *Fi! fi donc!*
— l'admiration : *Ah! oh! eh!*

Pour appeler : *Holà ! hé ! hein !*
Pour interroger : *Hé ! bien !*
Pour imposer silence : *Chut ! paix ! silence !*

QUESTIONNAIRE. — 194. Q. l'*interjection* ? Nommez les principales interjections.

EMPLOI DES MAJUSCULES.

195. Il faut commencer par une *majuscule* ou grande lettre le premier mot d'un discours, chaque phrase après un point, chaque vers, les noms des êtres moraux personnifiés :

EXEMPLE :

Noble et tendre Amitié je chante ton empire (Ducis).
La Mollesse, à ces mots, sur un bras se relève. (Boileau).

196. On commence aussi par une majuscule tous les noms propres, comme *Alexandre*, *Napoléon*, *Paris*, *Léon*, etc.

197. Il faut comprendre sous le titre de noms propres les noms de pays, de villages, de fleuves, de montagnes, de rivières, les noms de constellations, de navires, de peuples : les *Français*, les *Espagnols*, à moins qu'ils ne soient employés adjectivement : *la nation espagnole, le peuple anglais.*

QUESTIONNAIRE. — 195. Dans quelle occasion emploie-t-on une *majuscule* ou grande lettre ? — 196. Quels mots commence-t-on encore par une majuscule ? — 197. Quels noms faut-il comprendre sous le titre de noms propres ?

PARTIE ESSENTIELLEMENT ORTHOGRAPHIQUE

CHAPITRE XI.

DU NOMBRE DES NOMS PROPRES, DES NOMS ÉTRANGERS ET DES NOMS COMPOSÉS (1).

198. On ne doit pas dénaturer l'orthographe des noms propres; ainsi on écrira sans *s* : Les *Corneille*, les *Molière*, les *Racine*, les *Lafontaine* ont illustré le siècle de Louis XIV.

199. Ils deviennent noms communs, s'ils désignent des individus semblables à ceux dont on rappelle le nom, et alors ils prennent la marque du pluriel. EXEMPLE : *Les Corneilles et les Racines sont rares*, c'est-à-dire les poètes semblables à Corneille et à Racine.

200. Cependant on écrit généralement au pluriel : *Les Césars, les Scipions, les Condés, les Stuarts*, etc., parce que ces dénominations sont moins des noms propres que des titres communs à certaines familles illustres, à certaines classes d'hommes.

201. On écrit avec *s* au pluriel les noms empruntés à des langues étrangères et qu'un fréquent usage a francisés :

des accessits,   des duos,   des opéras,   des récépissés.
— altos,   — factums,   — panoramas,   — reliquats,
— biftecks,   — factotums,   — pensums,   — spécimens,
— bravos,   — imbroglios,   — placets,   — tilburys,
— budgets,   — ladys,   — quidams,   — trios,
— dominos,   — macaronis,   — quolibets,   — zéros, etc.

202. On peut y ajouter les noms suivants dont le pluriel n'est pas indiqué par l'Académie :

Des agendas, des bénédicités, des concertos, des débets, des magisters, des mementos, des oratorios, des pianos, des ténors, etc.

203. Ceux qui sont formés de plusieurs mots ne prennent pas la marque du pluriel : *Des fac-simile, des in-folio*,

---

(1) Si nous traitons ici des noms propres, des noms étrangers et des noms composés, c'est par raison d'ordre et de classification ; mais nous conseillons de ne les faire connaître aux élèves que lorsqu'ils seront parvenus à la fin de la partie complémentaire de l'orthographe.

des ex-voto, etc., excepté *sénatus-consulte*, des *sénatus-consultes*.

204. Les mots latins qui indiquent des prières de l'Eglise s'écrivent aussi sans s au pluriel : *des pater, des ave, des amen, des credo, des requiem*, etc.

205. On écrit également sans s au pluriel : *des carbonari, des cicéroni, des dilettanti, des lazzaroni, des quintetti, des soprani*, parce que dans les langues d'où ils sont tirés ils ont une terminaison particulière pour le pluriel. On dit au singulier : *quintetto, carbonaro, lazzarone*, etc.

206. On appelle noms composés ceux qui sont formés de plusieurs mots, comme *tête-à-tête, corps-de-garde, belle-mère*, etc.

207. Parmi les mots qui entrent dans les noms composés, le nom et l'adjectif sont les seuls susceptibles de prendre la marque du pluriel ; mais ils ne la prennent pas toujours.

208. Première règle. Quand un nom composé est formé d'un nom et d'un adjectif, ils prennent l'un et l'autre la marque du pluriel : *un coffre-fort, des coffres-forts, une belle-mère, des belles-mères, une basse-taille, des basses-tailles*, etc.

EXCEPTÉ :

Des blanc-seings (des seings en blanc).
Des terre-pleins (des lieux pleins de terre).
Des courte-haleine (Des gens qui ont l'haleine courte).
Des chevau-légers.
Des grand'mères, des grand'tantes, des grand'messes.

Remarque. Si dans un nom composé il se trouve un mot qu'on n'emploie pas seul, comme *garou* dans *loup-garou*, *grièche* dans *pie-grièche*, ce mot prend, comme le nom, le signe du pluriel : *Un loup-garou, des loups-garous, une pie-grièche, des pies-grièches, une porte-cochère, des portes-cochères*, etc.

On excepte : *un havre-sac, des havre-sacs ; un pique-nique, des pique-niques*, et les mots commençant par *vice, semi, ex, quasi : des vice-rois, des semi-tons, des ex-ministres, des quasi-délits*.

209. Deuxième règle. Quand un nom composé est formé de deux noms, ils prennent tous les deux la marque du pluriel :

Un chef-lieu, des chefs-lieux.
Un oiseau-mouche, des oiseaux-mouches.
Un chou-fleur, des choux-fleurs.
Une malle-poste, des malles-postes.

EXCEPTÉ :

Un appui-main, des appuis-main (des appuis pour la main).
Un bec-figue, des bec-figues (oiseaux dont le bec pique les figues).
Un colin-maillard, des colin-maillard (jeu où Colin cherche Maillard)
Un Hôtel-Dieu, des Hôtels-Dieu (des Hôtels de Dieu).
Un bain-marie, des bains-marie (bains de la prophétesse Marie).

210. TROISIÈME RÈGLE. Quand un nom composé est formé de deux noms unis par une préposition, le premier seul prend la marque du pluriel : *un ver-à-soie; des vers-à-soie; un chef-d'œuvre; des chefs-d'œuvre; un ciel-de-lit, des ciels-de-lit.*

EXCEPTÉ :

Des coq-à-l'âne, des pied-à-terre, des tête-à-tête, des pot-au-feu dans lesquels la décomposition amène le singulier.

211. QUATRIÈME RÈGLE. Quand un nom composé est formé d'un nom joint à un verbe ou à un adverbe, ou à une préposition, le nom seul prend la marque du pluriel, si toutefois il y a pluralité dans l'idée.
On écrira donc, parce qu'il y a pluralité dans l'idée :

Un tire-bottes, un couvre-pieds, un essuie-mains, un cure-dents, un porte-mouchettes, une garde-robes, c'est-à-dire objets qui servent à tirer les bottes, à couvrir les pieds, à essuyer les mains, à curer les dents, etc.
Mais il faut écrire sans *s*, parce qu'il y a unité dans l'idée : *des serre-tête* (pour serrer la tête), *des gagne-pain* (métier pour gagner son pain), *des coupe-gorge* (lieux dangereux où l'on coupe la gorge), *des contre-poison* (remède contre le poison; par la même raison on écrira avec *s* au pluriel : *un avant-coureur, des avant-coureurs; un passe-port, des passe-ports; une arrière-saison, des arrière-saisons.*

212. CINQUIÈME RÈGLE. Un nom composé formé de mots invariables ne prend, en aucune de ses parties, la marque du pluriel : *des passe-partout, des ouï-dire, des qu'en dira-t-on, des pour-boire, des pince-sans-rire, des garde-manger.*

QUESTIONNAIRE. — 198. Q. R. V. sur les noms propres ? — 199. Quand les noms propres deviennent-ils noms communs ? — 200. Pourquoi écrit-on généralement au pluriel certains noms propres, tels que les Césars, les Scipions, les Condés, les Stuarts? — 201. Comment écrit-on au pluriel les mots empruntés à des langues étrangères? — Nommez les plus usités. — 202. Quels mots peut-on encore y ajouter? — 203. Quels sont ceux d'entre ces noms qui ne prennent pas la marque du pluriel? — 204. Comment s'écrivent les mots latins qui indiquent des prières d'église? — 205. Quels noms écrit-on encore sans s au pluriel? pourquoi les écrit-on ainsi? — 206. Qu'appelle-t-on noms composés? — 207. Parmi les mots qui entrent dans les noms composés, quels sont ceux qui peuvent prendre la marque du pluriel? — 208. Comment s'écrit au pluriel un nom composé formé d'un nom et d'un adjectif? — 209. formé de deux noms? — 210. formé de deux noms unis par une préposition? — 211. formé d'un nom joint à un verbe ou à une préposition? — 212. Comment s'écrit un nom composé formé de mots invariables?

CHAPITRE XII.

ACCORD DE L'ADJECTIF.

213. Première règle. Tout adjectif doit être du même genre et du même nombre que le nom auquel il se rapporte : *un homme instruit, une femme instruite; des hommes instruits, des femmes instruites.*

214. Deuxième règle. Quand un adjectif se rapporte à deux noms singuliers, on met cet adjectif au pluriel, parce que deux singuliers valent un pluriel : *La justice et la vérité sont éternelles.*

215. Troisième règle. Quand un adjectif qualifie deux noms de différents genres, cet adjectif se met au masculin pluriel, *mon père et ma mère sont contents.*

EXCEPTIONS:

216. 1re *Exception.* L'adjectif placé après deux ou plusieurs noms s'accorde avec le dernier quand ces noms sont synonymes : *l'aigle fend les airs avec une vitesse, une rapidité prodigieuse; César avait un courage, une intrépidité extraordinaire.*

2e *Except.* Lorsque les noms sont placés par gradation ou unis par la conjonction *ou*, l'adjectif s'accorde également avec le dernier : *les soldats, les officiers, l'armée entière est licenciée; un courage ou une adresse étonnante.*

ORTHOGRAPHE DES ADJECTIFS FEU, NU, DEMI, ETC.

217. L'adjectif *feu* ne prend le féminin que lorsqu'il précède immédiatement le nom : *La feue reine, sa feue tante* ; mais on écrira sans accord : *Feu la reine, feu votre tante.*

218. L'adjectif *nu* est invariable placé avant les noms *cou, tête, bras, pieds, jambes : nu-pieds, nu-tête* ; d'où il suit qu'on écrira avec accord : *Toute nue la vérité effraie ; conserver la nue propriété d'un bien.*

219. Les adjectifs *demi, excepté, supposé, compris, passé, vu* et *attendu*, placés devant un nom, sont invariables : *demi-heure, excepté ces enfants, supposé cette chose, non compris l'artillerie, passé cette époque, vu les inconvénients, attendu les événements* (Académie). Mais ces adjectifs s'accordent avec le nom lorsqu'ils sont placés après lui : *deux heures et demie, trois mètres et demi, ces enfants exceptés*, etc.

REMARQUE. *Deux heures et demie, trois mètres et demi*, équivalant à *deux heures et une* (heure) *demie, trois mètres et un* (mètre) *demi* ; *demi* s'accorde avec *heure* et *mètre* sous-entendus. *Demi* ne prend le pluriel que lorsqu'il est employé comme nom : *Cette horloge sonne les heures et les demies.*

220. L'adjectif précédé de deux noms unis par *comme, de même que, ainsi que*, etc., s'accorde avec le premier : *L'autruche a la tête, ainsi que le cou, garnie de duvet.*

221. Les adjectifs employés adverbialement sont toujours invariables :

Ces livres coûtent cher (chèrement).
Ces enfants chantent juste (avec justesse).
Trancher net la difficulté (trancher nettement).

DES ADJECTIFS COMPOSÉS.

222. Quand un adjectif composé est formé de deux adjectifs, ils varient l'un et l'autre en genre et en nombre : *Des femmes sourdes-muettes, des paroles aigres-douces, des hommes ivres-morts* (Académie).

223. Mais si le premier adjectif est employé adverbialement, le second adjectif seul s'accorde, comme dans *clair-semé, nouveau-né, court-vêtu,* qui sont pour *claire ment semé, nouvellement né,* etc., des blés *clair-semés,* de enfants *nouveau-nés,* etc.

224. Quand un adjectif composé est formé de deu adjectifs dont le premier est qualifié par le second, il restent tous les deux invariables : *Des cheveux châtain clair, des mousselines rose-tendre;* c'est-à-dire d'un *châ tain-clair,* d'un *rose-tendre.*

DES ADJECTIFS DÉTERMINATIFS.

225. Les adjectifs numéraux cardinaux ne prennen pas la marque du pluriel. EXEMPLE : *Ce garçon n'a pa encore quinze ans. Bon! voici Mélitus, le chef des Onze.*

EXCEPTIONS :

226. *Vingt* et *cent* prennent la marque du pluriel quand ils sont précédés d'un adjectif numéral qui les multiplie : *quatre-vingts hommes, deux cents chevaux.*

REMARQUE. *Vingt* et *cent* quoique multipliés, restent invariables s'ils sont suivis d'un autre nombre : *quatre-vingt-trois soldats, deux cent dix élèves.*

227. *Vingt* et *cent* employés pour *vingtième, centième,* sont également invariables : *Chapitre quatre-vingt, l'an cinq cent,* c'est-à-dire : *chapitre quatre-vingtième, l'an cinq centième.*

228. *Mille* est invariable quand il signifie dix fois cent : *trois mille soldats, dix mille francs.*

229. *Mille,* mesure de chemin, est nom et prend s au pluriel : *Je demeure à trois milles de Londres.* Dans la date des années, depuis l'ère chrétienne, on écrit *mil : L'an mil huit cent soixante;* mais on écrira : *Le déluge arriva l'an du monde mille six cent cinquante-six.*

TOUT.

230. *Tout* signifiant *chaque* ou la *totalité* est adjectif et s'accorde avec le nom ou le pronom qu'il modifie : *Tout homme, toute femme,* c'est-à-dire *chaque homme, chaque femme ; ces enfants sont tous instruits, ces personnes sont toutes instruites,* c'est-à-dire *en totalité, sans exception.*

231. *Tout* signifiant *quelque, tout-à-fait, entièrement*, est adverbe, et par conséquent invariable : *Tout spirituels qu'ils sont; une mère tout affligée; nos vaisseaux sont tout prêts.*

232. Exception. *Tout*, quoique adverbe, varie par euphonie, devant un adjectif ou un participe féminin commençant par une consonne ou une *h* aspirée : *Elle est toute stupéfaite; elles sont toutes déconcertées.*

QUELQUE, QUEL QUE.

233. *Quelque* s'écrit de trois manières :

1º Lorsqu'il est suivi d'un verbe il s'écrit en deux mots: *quel que*; alors *quel*, adjectif, s'accorde avec le sujet du verbe et *que*, conjonction, est invariable : *Quels que soient nos talents; quelle que soit votre mémoire;*

2º Suivi d'un nom seul, ou d'un adjectif et d'un nom, *quelque* s'écrit en un mot et, comme adjectif, s'accorde en nombre avec ce nom : *J'ai rencontré quelques personnes; prêtez-moi quelques bons livres; quelques faibles aumônes soutiennent cette famille;*

3º Suivi d'un adjectif, d'un participe ou d'un adverbe, *quelque* s'écrit également en un mot, mais alors il est adverbe et reste invariable : *Quelque savant qu'ils paraissent; quelque corrompues que soient nos mœurs, le vice n'a pas encore perdu toute sa honte* (Massillon). *Quelque adroitement que les choses se fassent.*

234. Après *leur*, le nom se met au singulier, s'il exprime distinctement l'unité; c'est ainsi qu'on dira des élèves d'une classe : *Ils chérissent leur maître*; des soldats d'une compagnie : *Ils ont perdu leur capitaine*; des habitants d'une commune : *Ils ont élu leur maire.*

Mais on dira des élèves de tout un collége : *Ils chérissent leurs maîtres*; de plusieurs compagnies de soldats : *Ils ont perdu leurs capitaines*; des habitants de plusieurs communes : *Ils ont élu leurs maires*; parce qu'il s'agit ici de plusieurs *maîtres*, de plusieurs *capitaines* et de plusieurs *maires.*

235. *Leur* reste au singulier devant certains noms qui s'emploient nécessairement au singulier, comme *santé, conduite, amour-propre*, etc. Exemple : *Leur santé va mieux; défiez-vous de leur conduite.*

236. *Aucun* signifiant *pas un*, et *nul* placé devant [le] nom, prennent le pluriel quand ils accompagnent [des] noms qui n'ont pas de singulier, comme *funérailles*, [an]nales, *ancêtres*, etc., ou quand ils ont un autre sens [au] pluriel qu'au singulier, comme *gages, devoirs, troup[es].*

Vous n'avez nulles entrailles pour vos enfants; on ne [vous] a rendu aucuns devoirs; on ne lui donne aucuns gages.

MÊME.

237. *Même* est adjectif ou adverbe.

Même est adjectif et conséquemment variable, 1° qua[nd] il précède immédiatement le nom : *Ces deux frères ont [les] mêmes habitudes;* 2° quand il est placé après un pron[om] ou un seul nom : *Ils vinrent eux-mêmes; ses ennemis [même] mes l'estiment.*

238. *Même* est adverbe et conséquemment invaria[ble] lorsqu'il signifie *aussi, jusqu'à* : *Les grands, les rois mê[me] ont des peines,* c'est-à-dire *les rois aussi; on admire mê[me] ses gestes,* c'est-à-dire *jusqu'à ses gestes.*

QUESTIONNAIRE. — 213. De quel genre et de quel nombre d[oit] être l'adjectif? — 214. Comment s'écrit un adjectif quand il se r[ap]porte à deux noms singuliers? — 215. Quand il qualifie deux noms [de] différents genres? — 216. 1° Lorsqu'un adjectif est placé après de[ux] ou plusieurs mots synonymes, avec lequel doit-il s'accorder? — [2°] lorsque les noms sont placés par gradation ou unis par la conjo[nc]tion *ou*? — 217. Quand est-ce que l'adjectif *feu* prend le fémini[n]? — 218. Q. R. V. sur l'adjectif *nu*? — 219. sur les adjectifs *de, excepté, supposé, compris, passé, vu, attendu*? — 220. Comm[ent] s'accorde l'adjectif précédé de deux noms unis par *comme, de mê[me] que, ainsi que,* etc.— 221. Q. R. V. sur les adjectifs employés adverb[ia]lement? — 222. Comment s'écrit l'adjectif composé dans les cas s[ui]vants : 1° lorsqu'il est formé de deux adjectifs? — 2° 223. si le p[re]mier adjectif est employé adverbialement? — 3° 224. Quand il [est] formé de deux adjectifs dont le premier est qualifié par le second? 225. Q. R. V. sur les adjectifs numéraux cardinaux? — 226. D[ans] quels cas *vingt* et *cent* prennent-ils la marque du pluriel? Qu[and] est-ce qu'ils sont invariables? — 227. Dans quel autre cas vi[ngt] et *cent* sont-ils encore invariables? — 228. Quand est-ce [que] *mille* est invariable? — 229. Dans quel cas *mille* prend-il une s [au] pluriel, et quand s'écrit-il *mil*? — 230. Comment s'accorde *t[out]* lorsqu'il est adjectif? — 231. lorsqu'il est adverbe? — 232. D[ans] quel cas *tout* varie-t-il par euphonie? — 233. En combien de m[a]nières *quelque* s'écrit-il? Dans quel cas s'écrit-il en deux mots, alors comment s'accorde l'adjectif *quel*? — Quand s'écrit-il en [un] mot? comment s'accorde-t-il? quand s'écrit-il encore en un mo[t]? quelle est alors son orthographe? — 234. Dans quel cas le nom qui s[uit] *leur* reste-t-il au singulier? — quand se met-il au pluriel? — 235. D[ans] quel cas *leur* reste-t-il au singulier? — 236. Q. R. V. sur *aucun [et] nul*? — 237, 238. Q. R. V. sur *même*.

CHAPITRE XIII.

ACCORD DU VERBE.

(Voir les trois règles générales, page 45.)

239. Quoiqu'il y ait plusieurs sujets, le verbe s'accorde avec le dernier :
1° Quand les sujets sont *synonymes* :

L'amour du travail, le goût de l'étude est un bien.
Sa franchise, sa candeur me charme.

240. 2° Quand les sujets sont placés par *gradation :*

Ne reculez pas devant ce sacrifice ; votre intérêt, votre honneur, Dieu vous le commande.

L'intérêt s'efface devant l'honneur, l'honneur devant Dieu ; Dieu seul reste et seul fait la loi au verbe. (Domergue.)

241. 3° Quand le dernier sujet résume tous les autres, comme *chacun, tout, rien, personne :*

Facteurs, associés, chacun lui fut fidèle. (La Fontaine.)
Remords, crainte, péril, rien ne m'a retenu. (Racine).

242. Quand un verbe a deux sujets singuliers, unis par *ou* ou par *ni*, le verbe se met au pluriel toutes les fois que les deux sujets peuvent faire *ensemble* et *en même temps* l'action marquée par le verbe ; dans ce cas, le sens permet de remplacer *ou, ni* par *et :*

La bravoure ou la vanité enfantent parfois des traits sublimes, c'est-à-dire la *bravoure* et la *vanité*.

Ni l'or ni la grandeur ne nous rendent heureux, c'est-à-dire *l'or* et *la grandeur*.

243. Le verbe se met au singulier toutes les fois que les deux sujets ne peuvent faire *ensemble* et *en même temps,* l'action marquée par le verbe : *Monsieur le comte ou monsieur le duc sera ambassadeur à Vienne.* (Il est impossible que les deux sujets fassent ensemble et en même temps l'action marquée par le verbe, car il ne faut qu'un ambas-

sadeur.) *Ni l'un ni l'autre n'est mon frère*. (Il est impossible que les deux sujets fassent ensemble et en même temps l'action marquée par le verbe.)

244. Si les sujets unis par *ou* sont de différentes personnes, il faut mettre le verbe au pluriel et à celle des personnes qui a la priorité : *Le roi, l'âne ou moi nous mourrons* (La Fontaine). *Votre frère ou moi ferons la réponse*. Mais on dira : *Son frère ou lui viendra*, parce que les deux sujets sont à la même personne et qu'ils ne peuvent faire *ensemble* et *en même temps* l'action marquée par le verbe.

245. REMARQUE. *L'un et l'autre* demande le verbe au pluriel : *L'un et l'autre ont le cerveau troublé*.

L'un et l'autre, à ces mots, ont levé le poignard. (Racine.)

246. REMARQUE. Quand le sujet est formé de plusieurs infinitifs, le verbe se met au pluriel : *Etre né grand et vivre en chrétien n'ont rien d'incompatible ; promettre et tenir sont deux.* (Acad.)

Bien dire et bien penser ne sont rien sans bien faire.
(La Chaussée.)

247. REMARQUE. Quand deux sujets sont unis par une des conjonctions *comme, de même que, ainsi que, aussi bien que*, le verbe s'accorde avec le premier sujet et le second appartient à un verbe sous-entendu : *L'éléphant, comme le castor, aime la société de ses semblables* (Buffon). *L'enfant, ainsi que la vigne, a besoin de support;* c'est comme s'il y avait : *L'éléphant aime la société de ses semblables, comme le castor aime celle des siens ; l'enfant a besoin de support, ainsi que la vigne en a besoin.*

248. *Plus d'un* veut le verbe au singulier, à moins qu'il n'exprime une idée de réciprocité: *Plus d'un témoin a déposé.* (Acad.) *Plus d'un fripon se dupent l'un l'autre.* (Ici il y a réciprocité.)

249. Après *un de, un des*, on met le verbe au singulier si l'action est faite par un seul sujet : *C'est un de mes enfants qui est mort; c'est un des généraux français qui commandera.*

250. Il se met au pluriel, si l'action est faite par plusieurs sujets : *Saint-Louis est un des plus grands rois qui aient régné; l'intempérance est un des vices qui détruisent la santé.*

Accord du verbe avec les collectifs.

251. Le verbe précédé d'un *collectif* joint à un complément, s'accorde avec le collectif, s'il est général. Exemple : *La totalité des perfections de Dieu m'accable; la quantité des fourmis était très-grande; l'armée des infidèles fut entièrement détruite.*

252. Le verbe s'accorde avec le complément du collectif, si celui-ci est *partitif* ou s'il est représenté par un adverbe de quantité, comme *la plupart, une infinité, un grand nombre, peu, beaucoup*, etc.: *Une multitude de passions divisent les hommes; une foule de gens vous disent qu'il n'en est rien* (Acad.); *peu d'hommes connaissent le prix du temps, la plupart en abusent.*

253. Ces deux règles sont générales, mais elles ont un grand nombre d'exceptions, l'accord du verbe ou de l'adjectif devant se faire avec le mot qui frappe le plus l'esprit.

On écrira donc : *Une foule d'enfants encombrait la rue.* Ici l'action d'*encombrer* convient mieux à la *foule* qu'à *enfants; la multitude des étoiles brillent au firmament comme des soleils.* L'action de *briller* convient mieux à *étoiles* qu'à *multitude; une nuée de traits obscurcit l'air et couvrit tous les combattants.* L'idée des verbes *obscurcir, couvrir*, est plus en rapport avec *nuée* qu'avec *traits.*

QUESTIONNAIRE. — 239, 240, 241. Quoiqu'il ait plusieurs sujets, dans quels cas le verbe ne s'accorde-t-il qu'avec le dernier ? — 242. Lorsqu'un verbe a deux sujets singuliers unis par *ou* ou par *ni*, quand est-ce qu'il se met au pluriel ? — 243. au singulier ? — 244. Comment faut-il faire accorder le verbe lorsque les sujets unis par la conjonction *ou* sont de différentes personnes ? — 245. Q. R. V. sur *l'un et l'autre* ? — 246. Quand le sujet est formé de plusieurs infinitifs, comment s'écrit le verbe ? — 247. Q. R. V. quand deux sujets sont unis par des conjonctions *comme, de même que, ainsi que, aussi bien que* ? — 248. Q. R. V. sur *plus d'un* ? — 249. Dans quel cas met-on le verbe au singulier après *un de, un des* ? — 250. Quand est-ce qu'il se met au pluriel ? — 251, 252. Comment s'accorde le verbe précédé d'un collectif joint à un complément, 1° si le collectif est général, 2° s'il est partitif ? — 253. Q. R. V. sur ces deux règles ? — Citez quelques-unes des exceptions.

CHAPITRE XIV.

INVARIABILITÉ DU PARTICIPE PRÉSENT ET ACCORD DE L'ADJECTIF VERBAL.

254. RÈGLE. Le *participe présent* est toujours invariable c'est-à-dire qu'il ne s'accorde jamais ni en genre ni e nombre avec le mot auquel il se rapporte. EXEMP. : *Heu reux les enfants aimant Dieu ; j'admire nos armées comba tant pour la patrie.*

255. Ne confondez pas le participe présent avec l'adjec tif verbal qui est aussi terminé en *ant*; celui-ci, comm tous les adjectifs, s'accorde en genre et en nombre ave le mot qu'il qualifie : *Des hommes obligeants, des femme obligeantes.*

256. Le *participe présent* marque l'*action*, et l'*adjecti verbal* l'*état* :

On voit des hommes rampant toute leur vie pour arrive aux honneurs ;

Il y a des plantes, des bêtes et des personnes rampantes

Le mot en *ant* exprime l'*action*, c'est-à-dire est parti cipe présent, lorsqu'il a un complément direct, ou qu'i est précédé de la préposition *en* : *On n'aime pas les person nes contrariant tout le monde ; les jeunes gens se formen l'esprit en lisant de bons livres.*

257. On reconnaît que le mot en *ant* est *adjectif verba* quand on peut le remplacer par un adjectif qualificatif o un participe passé quelconque : *On aime les enfants obéis sants.* (Les enfants soumis, appliqués.) *Les gens méprisants sont toujours détestés.* (Les gens fiers, dédaigneux.) *Voyez vous ces feuilles dégouttantes de rosée.* (Ces feuilles humi des, chargées de rosée.) *Il a une figure toujours riante.* (Une figure toujours aimable, gracieuse.)

QUESTIONNAIRE. — 254. Q. R. V. sur le participe présent? — 255. Avec quel mot ne faut-il pas confondre le participe présent ? — 256. Qu'exprime le participe présent ? — l'adjectif verbal? — Quand est-ce que le mot en *ant* exprime l'action ? — 257. Comment reconnaît-on que le mot en *ant* est adjectif verbal ?

CHAPITRE XV.

PARTICIPE PASSÉ.

(Voir les trois règles générales, page 46.)

Participe des verbes pronominaux.

258. Le verbe *être* étant employé pour *avoir* dans les verbes pronominaux, le participe de ces verbes s'accorde avec le complément direct s'il en est précédé, et reste invariable s'il en est suivi ou s'il n'a pas de complément de cette nature. Ainsi l'on écrira avec accord : *Elle s'est trompée* (Elle a trompé qui? *elle, se.*) *Nous nous sommes égarés.* (Nous avons égaré qui? *nous.*) *Ils se sont menacés.* (Ils ont menacé qui? *eux, se.*) Ici, comme on le voit, les participes, *trompée, égarés, menacés* sont précédés de leurs compléments directs.

Mais on écrira sans accord, soit parce que le complément direct est placé après le participe, soit parce qu'il n'y en a point : *Ils se sont adressé une lettre; vous vous êtes fait illusion ; vous vous êtes succédé.*

C'est comme s'il y avait : *Ils ont adressé à eux; vous avez succédé à vous,* etc.

On écrira de même avec le participe invariable : *Nous nous sommes plu; vous vous êtes nui; ils se sont ri de vos menaces,* etc., parce que ces verbes pronominaux sont formés de verbes neutres, lesquels n'ont jamais de complément direct.

259. REMARQUE. Les verbes essentiellement pronominaux, comme *s'abstenir, se repentir, se souvenir, s'en aller,* etc., auxquels il faut joindre : *se douter, se prévaloir, s'échapper,* sont toujours variables au participe passé, attendu qu'ils ont toujours pour complément direct leur second pronom, lequel précède le participe. On écrira donc avec accord : *Vous vous êtes abstenus, nous nous sommes repentis, elles se sont emparés, ils s'en sont tous allés.* (1)

---

(1) Dans les temps composés du verbe *s'en aller,* le pronom *en* se met toujours avant l'auxiliaire. Dites donc : *Je m'en suis allé, tu t'en étais allé,* etc.; et non pas, *je me suis en allé, tu t'étais en allé,* etc.

260. Le verbe essentiellement pronominal s'*arroger* fait seul exception. On écrira : *Ils se sont arrogé des droits*, sans accord ; mais on écrira avec accord ; *Les droits qu'ils se sont arrogés*, à cause du complément direct *que*, placé avant le participe.

DES PARTICIPES EXCEPTÉ, SUPPOSÉ, ETC.

261. Les participes *excepté, supposé, passé, vu, approuvé, certifié*, etc., etc., sont invariables quand ils précèdent le mot qu'ils qualifient, et varient quand ils le suivent. Ainsi l'on dira :

Sans accord :	Avec accord :
Excepté mes amis.	Mes amis exceptés.
Supposé ces raisons.	Ces raisons supposées.
Passé cette heure.	Cette heure passée.
Approuvé l'écriture ci-dessus.	L'écriture approuvée.

PARTICIPE DES VERBES UNIPERSONNELS.

262. Le participe d'un verbe unipersonnel ou pris *unipersonnellement* est toujours invariable : *la disette qu'il y a eu ; les chaleurs qu'il a fait*.

PARTICIPE SUIVI D'UN INFINITIF.

263. Le participe passé suivi immédiatement d'un *infinitif*, s'accorde en genre et en nombre quand il a pour complément direct le pronom qui précède et reste invariable, s'il a pour complément direct l'infinitif qui suit :

264. Le pronom est complément direct du participe toutes les fois que le nom, dont il tient la place, fait l'action exprimée par l'infinitif ; alors on peut tourner cet infinitif en participe présent :

EXEMPLE :

Les dames que j'ai entendues chanter.
Les élèves que j'ai vus étudier.
Les blés que j'ai vus mûrir.

On voit évidemment qu'ici les *dames*, les *élèves*, les *blés*, font l'action de *chanter*, d'*étudier*, de *mûrir* ; car on peut ire : *J'ai entendu les dames chanter* ou *chantant; j'ai vu les enfants étudier* ou *étudiant; j'ai vu les blés mûrir* ou *mûrissant*. Par conséquent, accord.

Mais si je dis :

> *Les cantiques que j'ai entendu chanter.*
> *Les paysages que j'ai vu peindre.*
> *Les pommes que tu as laissé voler.*

Ici les mots *cantiques, paysages, pommes*, ne peuvent faire l'action de *chanter, peindre, voler*, car le sens ne permet pas de dire :

> *J'ai entendu les cantiques chanter.*
> *J'ai vu les paysages peindre.*
> *Tu as laissé les pommes voler.*

Par conséquent, il n'y a point d'accord.

265. REMARQUE. Le participe *fait*, suivi d'un infinitif, est toujours invariable :

Les arbres que nous avons fait planter.

PARTICIPE SUIVI D'UNE PRÉPOSITION ET D'UN INFINITIF.

266. Quand il se trouve une préposition entre le participe et l'infinitif, le participe s'accorde, s'il a pour complément direct le nom ou le pronom qui précède, et reste invariable, si ce complément appartient à l'infinitif.

EXEMPLE :

Voilà les livres que vous lui avez recommandé d'apporter. Avez-vous recommandé les livres? Avez-vous recommandé d'apporter les livres? Le sens est *vous avez recommandé d'apporter les livres?* Le complément direct *livres* appartient à *apporter*; *recommandé* est donc invariable.

AUTRE EXEMPLE : *Voilà la route que j'ai résolu de suivre.* Ai-je résolu la route? Ai-je résolu de suivre la route? Le sens est *j'ai résolu de suivre la route*. Le complément direct *route* appartenant à l'infinitif; *résolu* est donc invariable.

AUTRE EXEMPLE: *Les soldats qu'on a contraints de partir.* A-t-on contraint les soldats de partir? A-t-on contraint

68 GRAMMAIRE

de partir les soldats? (1). Le sens est *on a contraint
soldats de partir.* On a contraint qui? les soldats; *sol[dats]*
étant le complément direct de contraint, il y a donc [ac]-
cord avec ce participe.

267. L'infinitif est quelquefois sous-entendu à la s[uite]
des verbes *pouvoir, devoir, vouloir.*

Je lui ai porté tous { que j'ai pu, } { sous-ente[ndu]
les secours.   { que j'ai dû, }   lui porte[r]
                  { que j'ai voulu. }

Dans ce cas, le participe est invariable, parce qu'i[l a]
pour complément direct l'infinitif sous-entendu.

Mais on dira avec accord : *Il m'a payé les sommes q[u'il]
m'a dues,* parce qu'ici, il n'y a pas d'infinitif sous-enten[du.]

PARTICIPE ENTRE DEUX QUE.

268. Le participe passé entre deux *que* est toujours variable.

EXEMPLE :

La lettre que j'ai présumé que vous recevriez. J'ai p[ré]-
sumé quoi? Que vous recevriez la lettre.

PARTICIPE AYANT L' POUR COMPLÉMENT DIRECT.

269. Le participe est invariable, quand il a pour co[m]-
plément direct *l'*, représentant un membre de phra[se,]
parce qu'alors *l'*, équivalant à *cela*, est du masculin s[in]-
gulier :

La flotte n'était pas aussi nombreuse qu'on l'avait c[ru]
c'est-à-dire qu'on avait cru qu'elle était nombreuse.

Cette demoiselle est plus instruite que je ne l'avais pen[sé]
c'est-à-dire plus instruite que je n'avais pensé qu'elle [fût]
instruite.

Mais on écrira avec accord, parce que *l'* représente [un]
nom :

Cette maison est telle qu'on l'a construite;
J'ai rencontré ma tante et je l'ai embrassée.

---

(1) Si les deux constructions peuvent avoir lieu, comme dans :
Les livres que vous m'avez donnés à lire : l'usage est de faire [ac]-
corder.

PARTICIPE PRÉCÉDÉ DE LE PEU.

270. *Le peu* a deux sens : il signifie *la petite quantité*, ou bien il signifie *le manque*.

Lorsque *le peu* signifie la petite quantité, et que le sens permet de le supprimer, le participe s'accorde avec le nom :

Le peu d'attention que vous avez donnée à cette règle, a suffi pour vous la faire comprendre; on peut dire : *L'attention que vous avez donnée*, etc., et c'est avec *attention* que s'accorde le participe.

271. Lorsque *le peu* signifie *le manque*, et qu'on ne peut pas le supprimer sans nuire au sens de la phrase, le participe reste invariable :

EXEMPLE :

On le punira du peu de bonne volonté qu'il a montré. On ne saurait dire: *On le punira de la bonne volonté qu'il a montrée*, le participe s'accordant avec *le peu*, reste au masculin singulier.

PARTICIPE PRÉCÉDÉ DU PRONOM EN.

272. Le pronom *en*, signifiant *de cela*, est un complément indirect qui ne peut jamais faire varier le participe qui s'y rapporte :

Ainsi l'on écrit sans accord :

Les pêches sont mûres, j'en ai cueilli.
Voici de beaux fruits, j'en ai acheté.

Parce que dans ces phrases il y a ellipse :
J'ai cueilli quoi? Une partie de ces pêches.
J'ai acheté quoi? Une partie de ces fruits.

Mais on écrira avec accord : *Il nous en a prévenus, nous vous en avons blâmés*; parce que les participes *prévenus, blâmés* sont précédés de leurs compléments directs *nous, vous*.

273. REMARQUE. Le pronom *en* précédé des adverbes *combien, autant, plus*, etc., ne fait pas varier le participe. Écrivez donc, en parlant de livres : *Combien j'en ai lu*; en parlant de lettres : *Combien il en a reçu*; *autant de batailles il a livrées, autant il en a gagné*, etc.

PARTICIPES **coûté** ET **valu**.

274. Les participes *coûté* et *valu* ne varient poi[nt] qu'ils sont employés dans le sens propre, c'est[-à-dire] pour exprimer l'idée de prix, de valeur.

EXEMPLE :

Je regrette les vingt mille francs que cette mais[on a] coûté, parce qu'elle ne les a jamais valu.

Ces participes varient lorsqu'ils sont employé[s dans] le sens figuré, c'est-à-dire lorsqu'ils signifient *rapporter* :

Après tous les ennuis que ce jour m'a coûtés (R[.), c'est-à-dire m'a causés.

Les honneurs que cette place m'a valus, c'est-à-d[ire] procurés.

QUESTIONNAIRE. — 258. Comment s'accorde le participe [passé] des *pronominaux* ? — 259. Q. R. V. sur les verbes essenti[ellement] pronominaux, comme *s'abstenir, se repentir, s'en aller,* etc[. — 260.] Q. R. V. sur le verbe essentiellement pronominal *s'arro[ger* ?] 261. Q. R. V. sur les participes *excepté, supposé, passé,* [etc. ?] — 262. Comment s'écrit le participe passé d'un verbe unipe[rsonnel] ou pris unipersonnellement? — 263. Comment s'accorde le p[articipe] passé suivi immédiatement d'un infinitif? — 264. Dans que[l cas le] pronom est-il complément direct du participe? — 265. Q. R. [V. sur] le participe *fait* ? — 266. Quand il se trouve une préposit[ion entre] le participe et l'infinitif, comment s'accorde le participe? — 26[7. Q.] V. lorsqu'il y a un infinitif sous-entendu à la suite des verbes *p[ouvoir,] devoir* et *vouloir* ? — 268. Q. R. V. sur le participe placé ent[re deux] *que* ? — 269. Q. R. V. lorsque le participe a pour complém[ent di]rect *L'* ? — 270, 271. Comment s'accorde le participe passé [précédé] de LE PEU ? — 272, 273. Q. R. V. sur le pronom *en* ? — 274. D[ans quels] cas les participes *coûté* et *valu* sont-ils invariables ? — Quand [sont-ils] variables?

CHAPITRE XVI.

ORTHOGRAPHE DE CERTAINS ADVERBES.

275. *Plus tôt,* en deux mots, est l'opposé de plus [tard :] *Il partira plus tôt que moi.*

Plutôt, en un seul mot, signifie *préférablement :* [j'aime] *la mort que le déshonneur ; il faut obéir à Dieu [plutôt] qu'aux hommes.*

276. *Surtout*, écrit en un seul mot, signifie *principalement* : Appliquez-vous surtout à l'étude de la religion. *Sur tout*, écrit en deux mots, signifie *sur chaque chose* : Cet orateur est prêt à parler sur tout.

ORTHOGRAPHE DE CERTAINES CONJONCTIONS.

277. *Quand*, conjonction, signifie *lorsque* : Quand je le verrai, je lui parlerai de cette affaire. *Quant à*, préposition, veut dire *à l'égard de* : quant à cette aventure, n'en parlons plus.

278. *Parce que*, écrit en deux mots, signifie *attendu que* : il se repose, parce qu'il est fatigué.

Par ce que, en trois mots, veut dire *par la chose que* ou *par les choses que* : par ce que vous dites, je vois qu'il a raison.

279. *Quoique*, écrit en un seul mot, a le sens de *bien que* : Quoiqu'il soit instruit, il est modeste. *Quoi que*, en deux mots, signifie *quelque chose que* : Quoi que dise le menteur, on ne le croit pas.

ORTHOGRAPHE DE CERTAINES INTERJECTIONS.

280. Il ne faut pas confondre *ah!* et *ha!* Le premier marque la joie, la douleur; le second, la surprise : *Ah! quel plaisir! ah! que je souffre! ha! vous voilà!*

281. Il ne faut pas confondre *eh! hé!* Le premier marque la douleur, le second sert à appeler : *Eh! qui n'a pas pleuré quelque perte cruelle? hé! d'où venez-vous?*

282. *Oh!* et *ho!* marquent l'un et l'autre la surprise, mais il convient d'écrire ainsi *ho!* lorsqu'il demande à être prononcé avec promptitude : *ho! prenez garde! ho! dites-moi! Oh!* exprime plus de lenteur : *Oh! combien j'aimerais vous voir! oh! je croyais le contraire. Ho!* exprime aussi la surprise : *Ho! que me dites-vous là? O* sert à l'apostrophe : *O mon Dieu! ô douleur! ô mon fils!*

QUESTIONNAIRE. — 275. Q. R. V. sur l'adverbe *plus tôt, plutôt* ? — 276. Q. R, V. sur *surtout* ? — 277. Q. R. V. sur *quand* et sur *quant à* ? — 278. sur *parce que, par ce que* ? — 279. sur *quoique, quoi que* ? — 280. Q. R. V. sur les interjections *ah!* et *ha!* — 281. sur *eh!* et *hé!* — 282. sur *oh!* et *ho!*

CHAPITRE XVII.

DE L'ORTHOGRAPHE ABSOLUE OU D'USAGE.

283. L'orthographe est l'art d'écrire les mots d'u[ne] langue correctement, selon l'usage établi.

284. On distingue deux sortes d'orthographe : l'orth[o]graphe absolue ou d'usage, et l'orthographe relative [ou] des règles.

285. L'orthographe d'usage est celle des mots tels qu'[ils] sont dans un dictionnaire. Elle s'apprend par de fréque[n]tes lectures et par beaucoup d'exercices écrits.

286. L'orthographe relative ou des règles, consiste da[ns] l'observation des règles de la grammaire, telles que [la] formation du pluriel des noms et des adjectifs; cell[e] des terminaisons des verbes, de l'accord de l'adjectif, [du] verbe, etc.

287. Il y a dans la langue française une foule de mo[ts] qu'on appelle *mots primitifs*, parce qu'ils ont servi à [en] former d'autres appelés *mots dérivés*.

Ces dérivés indiquent ordinairement l'orthographe [de] leurs primitifs, ainsi :

Accroc,		Accrocher.
Accord,		Accorder.
Amas,		Amasser.
Bord,		Border.
Champ,		Champêtre.
Chant,		Chanter.
Chemin,		Cheminer.
Début,		Débuter.
Drap,	ont pour	Draperie.
Eclat,	dérivés	Eclater.
Echafaud,		Echafauder.
Faim,		Famine.
Promis,		Promise.
Prompt,		Prompte.
Plomb,		Plomber.
Rang,		Ranger.
Sang,		Sanglant.
Sot,		Sotte.

288. Il y a pourtant quelques exceptions : ainsi on écrit *honneur, abri, absous, intérêt,* etc., quoiqu'ils aient pour dérivés *honorer, abriter, absoute, intéresser.*

EUR, EURE, EURRE.

289. *Eur* termine tous les mots qui se prononcent ainsi. Il n'y a d'exception que pour *beurre, demeure, heure, leurre, feurre, la majeure, la mineure, chantepleure, Eure* (rivière), et quelques autres noms propres.

ANDRE, ENDRE.

290. Parmi les verbes en *andre*, deux seulement prennent *a*, ce sont : *épandre* et *répandre*; tous les autres prennent *e* : *reprendre, fendre, descendre,* etc.

291. Parmi les verbes en *indre* : *craindre, plaindre, contraindre,* prennent *a*; tous les autres prennent *e* : *teindre, ceindre,* etc.

292. La finale en *sion* ou en *tion* des noms s'écrit par *en* et non par *an* : *dissension, attention, mention, ascension,* etc. Il n'y a d'excepté qu'*expansion*.

XION, CTION.

293. On écrit par *xion* les mots *annexion, complexion, connexion, flexion, génuflexion, inflexion, réflexion, déflexion, fluxion, préfixion*. Dans tous les autres mots, cette finale s'écrit : *ction* : *action, fraction, fiction,* etc.

ANSION, ENSION.

294. De tous les mots qui ont *ension* pour son final, *expansion* est le seul qui prenne *a*; on écrit *dimension, attention,* etc.

QUER.

295. Les noms qui dérivent des verbes en *quer* changent cette finale en *c* : *convoquer, convocation; fabriquer, fabrication; appliquer, application,* etc.

QUESTIONNAIRE. — 283. Qu'est-ce que l'orthographe ? — 284. Combien distingue-t-on de sortes d'orthographe ? quelles sont-elles ? — 285. Q. que l'orthographe d'usage ? comment s'apprend-elle ? — 286. En quoi consiste l'orthographe relative ou des règles ?

— 287. Q. les mots primitifs ? Comment se nomment ceux qu'ils forment ? Nommez quelques mots primitifs accompagnés de leurs dérivés. — 288. Citez quelques exceptions à la règle ci-dessus. — 289. Quels sont les mots qui se terminent par *eur, eurre, eure* ? — 290. Quels sont les verbes qui se terminent par *andre* et par *endre* ? — 291. par *eindre* et par *aindre* ? — 292. Quels sont les mots qui se terminent par *sion* et par *tion* ? — 293. par *xion* et par *ction* ? — 294. par *ansion, ension* et *ention* ? — 295. par *quer* ?

CHAPITRE XVIII.

SIGNES ORTHOGRAPHIQUES.

296. Les *signes orthographiques* sont : *les accents, l'apostrophe, la cédille, le trait d'union* et le *tréma.*
Il y a trois sortes d'accents. (Voir page 2.)

L'apostrophe.

297. *L'apostrophe* (') est un petit signe qui marque la suppression d'une voyelle. Ainsi l'on dit : l'*espoir*, l'*envie*, l'*orgueil*, pour ne pas dire : le *espoir*, la *envie*, le *orgueil*, ce qui serait désagréable et dur à l'oreille (1).

La cédille.

298. La *cédille* (ç) est un petit signe qu'on place sous le c devant *a, o, u* pour avertir qu'il se prononce comme *s*. Ainsi, dans *façon*, prononcez comme s'il y avait *fasson*, et non pas *faquon*.

Le trait d'union.

299. Le *trait d'union* (-) est un petit signe qui sert à unir deux ou plusieurs mots entre eux : *chef-d'œuvre, nouveau-né, c'est-à-dire, très-bien*, etc.

---

(1) Dans *entre* et *presque* on supprime l'e lorsqu'ils entrent dans la composition d'un autre mot : *entr'acte, presqu'île, entr'aider, entr'ouvrir* ; mais on écrit *entre eux, entre elles*, parce que ces mots n'ont aucune intimité. L e s'élide également dans *grand'chose, grand'chambre, grand'route, grand'rue, grand'mère, grand'peine, grand'pitié*, etc.

Le tréma.

300. Le *tréma* (¨) est un double point que l'on met sur certaines voyelles : *Saül, naïf,* etc.

QUESTIONNAIRE. — 296. Quels sont les divers signes orthographiques ? — 297. Q. l'apostrophe ? — 298. Q. la cédille ? — 299. Q. le trait d'union ? — 300. Q. le tréma ?

CHAPITRE XIX.

DE LA PONCTUATION.

301. La ponctuation a pour but de distinguer, par des signes particuliers, les membres de phrases et les phrases entre elles, pour rendre la lecture plus facile et le sens plus clair.

302. Les signes de la ponctuation sont : la *virgule,* le *point-virgule,* les *deux points,* le *point interrogatif,* le *point exclamatif,* les *points de suspension,* les *traits de séparation,* les *guillemets* et la *parenthèse.*

De la virgule.

303. On emploie la *virgule :* 1° pour séparer les parties semblables d'une même phrase, c'est-à-dire les noms, les adjectifs, les verbes, etc.

La candeur, la docilité, la simplicité, sont les vertus de l'enfance.

La charité est patiente, douce, bienfaisante.

La mouche va, vient, fait mille tours.

304. 1re EXCEPTION. On ne met pas de virgule si les parties sont unies par une des conjonctions, *et, ou, ni : Antoine pleure et crie; je partirai ce soir ou demain; je ne vis ni votre sœur ni votre frère.*

2e Avant et après une réunion de mots qu'on peut supprimer sans nuire au sens de la phrase : *Les charmes de la vertu, qui font les délices des ames pieuses, font le premier supplice des méchants.*

Celui qui s'expose au danger, dit la sainte Ecriture, *y périra.*

Je crains Dieu, cher Abner, et n'ai point d'autre crainte.

Du point-virgule.

305. On emploie le *point-virgule* pour séparer les parties semblables d'une même phrase, quand elles sont déjà subdivisées par la virgule : *La douceur est, à la vérité, une vertu; mais elle doit ne pas dégénérer en faiblesse. N'attendez pas, Messieurs, que je représente ce grand homme étendu sur ses propres trophées; que je découvre ce corps pâle et sanglant auprès duquel fume encore la foudre qui l'a frappé; que je fasse crier son sang comme celui d'Abel.* (Fléchier.)

Des deux points.

306. On emploie les *deux points* :
1° Après une phrase qui annonce une citation : **Pythagore** a dit : *Mon ami est un autre moi-même.*
2° Avant une phrase qui sert à prouver ce qui précède

*Travaillez, prenez de la peine :
C'est le fonds qui manque le moins.* (La Fontaine.)

3° Après une phrase généralement suivie de détails *J'aime à trouver dans les enfants trois qualités : la piété, l'intelligence et l'amour du travail.*

Et avant cette phrase, si les détails précèdent :

*Gaîté, doux exercice et modeste repas :
Voilà trois médecins qui ne se trompent pas.*

Du point.

307. Le *point* se met à la fin des phrases dont le sens est complet :

*Un chrétien ne doit jamais mentir, même en riant.
Une belle éducation est le plus grand des biens.*

Du point interrogatif.

308. Le *point interrogatif* s'emploie après une phrase interrogative : *Qu'y a-t-il de plus beau ? l'univers. — De plus fort ? la nécessité. — De plus difficile ? de se connaître. — De plus facile ? de donner un avis. — De plus rare ? un véritable ami.*

Du point exclamatif.

309. Le *point exclamatif* se met après les interjections et les phrases qui expriment l'admiration, la surprise, la terreur, la pitié et la joie, etc.

Ah! que de la vertu les charmes sont puissants!
Que Dieu est bon!
Hélas! il n'est plus.
Ah! quel plaisir!

310. On nomme *points de suspension* plusieurs points de suite qu'on place au milieu d'une phrase interrompue à dessein :

J'ai vu... sans mourir de douleur...;
J'ai vu... (siècles futurs, vous ne pourrez le croire);
J'ai vu... mon verre plein, et je n'ai pu le boire.

311. Le *trait de séparation* s'emploie pour éviter la répétition de *dit-il, répond-il,* et pour annoncer le changement d'interlocuteur :

Regardez-bien, ma sœur,
Est-ce assez, dites-moi; n'y suis-je point encore?
Nenni. — M'y voici donc? — Point du tout. — M'y voilà.
— Vous n'en approchez point. — La chétive pécore
  S'enfla si bien qu'elle creva.

312. Les *guillemets* représentent deux sortes de virgules assemblées; on les emploie pour renfermer une citation.

Socrate disait : « *Je ne sais qu'une chose, c'est que je ne sais rien.* »

313. La *parenthèse* est formée de deux crochets entre lesquels on renferme certains mots isolés :

Un mal qui répand la terreur,
Mal que le ciel en sa fureur
Inventa pour punir les crimes de la terre;
La peste (puisqu'il faut l'appeler par son nom)
  Faisait aux animaux la guerre.

QUESTIONNAIRE. — 301. Quel est le but de la ponctuation? — 302. Quels sont les signes de ponctuation? — 303. Quand est-ce qu'on emploie la virgule? — 304. Quelles sont les exceptions? —

305. Dans quel cas emploie-t-on le point-virgule? — 306. les deux points? — 307. le point? — 308. le point interrogatif? 309. le point exclamatif? — 310. Q. le point de suspension? — 311. Dans quel cas emploie-t-on le trait de séparation? — 312. Que représentent les guillemets et quand est-ce qu'on les emploie? — 313. De quoi est formée la parenthèse?

TABLE DES MATIÈRES

PARTIE ÉLÉMENTAIRE.

Introduction	1
Du nom	3
De l'article	7
De l'adjectif	7
Du pronom	13
Du verbe	16
Du participe	48
De l'adverbe	49
De la préposition	50
De la conjonction	51
De l'interjection	51

PARTIE ESSENTIELLEMENT ORTHOGRAPHIQUE.

Du nombre des noms propres, des noms étrangers et des noms composés	53
Accord de l'adjectif	56
Accord du verbe	61
Invariabilité du participe présent et accord de l'adjectif verbal	64
Participe passé	65
Orthographe de certains adverbes, de certaines conjonctions et de certaines interjections	70
De l'orthographe absolue ou d'usage	72
Signes orthographiques	74
De la ponctuation	75

www.ingramcontent.com/pod-product-compliance
Lightning Source LLC
LaVergne TN
LVHW050650090426
835512LV00007B/1131